ご縁を
つなげば、
奇跡が起こる

築山知美 Tomomi Tsukiyama

サンマーク出版

まえがき

２０１９年秋に始まった新型コロナウイルスによる感染症は、２０２０年に入ってまたたく間に世界中に広がり、それによって、社会のありようは一変してしまいました。

外出自粛により、自宅での引きこもり生活を余儀なくされ、会いたい人に会えない、好きな場所に行くこともできない。それどころか、仕事や生活すらままならないという状況に追い込まれた人も多かったでしょう。

これまで当たり前のように享受してきたつながりや交流が分断され、豊かさや自由も奪われ、とまどいと困惑の中、不自由な生活をせざるを得ない――そんな中で、本当に大切なものは何か、いままで我慢してきたものは何かに気づいた人も多いのではないでしょうか。

そんな状況の中だからこそ、「つながり」の大切さについて実感する場面も多かったのではないかと思います。

私は、スピリチュアルカウンセラーとして活動する一方、この数年来、イベント、講演会の企画、プロデュースなどをさせていただく機会が増えました。

その活動はひとことでいえば、人と人とを「つなげる」こと。つながりをつくっていくことが、私のメインの仕事になってきたのです。

それは、多くの方との出会いや私自身が重ねた経験から、「つながり」こそが、人生に豊かさとうるおいをもたらし、幸せに生きていくためのもっとも大切なことだと気づかされたからなのです。

そしていま、コロナ禍をきっかけにして、社会全体が新しい「つながり」の時代に向けて、大きく舵《かじ》をとって動き出しています。

これからは、共感、応援、真心がすべてのつながりの中で大事になってきます。競争や勝ち負け、分離の世界から、共生と創造、分かち合いの時代に移行してきています。

リモートワークやオンラインビジネスが主流になってくるからこそ、思いやりや優しさ、見えない部分を感じとる力、寄り添うことがより求められていくでしょう。

コミュニティも増えて同じ価値観や趣味、感性をもった人と世界中につながりが広がるすばらしさが体験できる中で、リアルで会える身近な家族、友人とのつながりはより深くかけがえのない時間となっていくでしょう。

そのためには、まず「自分自身とつながること」が何より大切です。

自分自身とつながっていると、他者やあらゆるものを受け入れ、尊ぶ気持ちが自然と湧き上がってきます。

その結果、我慢や忍耐で人と関わることもなくなります。

自分自身が喜びで満たされて、そのうえで他者を尊重しながら、あらゆる出来事を受け入れ、共有することができるようになってくるのです。

自分自身とつながることで、バランスをとりながら他者とのよい関係を築けるようになる。そういう人が増えていけば、やがて調和に満ちた社会が実現するはずです。

ここでいう「ご縁」とは、人とのご縁ばかりではありません。

いま自分が生きていること自体が見えないご縁であり、それは命を生かしてくださっている大いなるものとのご縁でもあります。人生においては、見えないご縁のほうがはるかに大きいのです。

この見えないご縁を大切にすることによって、目に見えるご縁がつながっていきます。私たちは、このご縁というつながりの中で生きているのです。

そして、ご縁をつないでいくとき、奇跡が起こります。

夢は実現し、幸せに満ちあふれる人生を送ることができます。

そして、そういう人生を送る人は、あらゆるものにご縁を感じて生きるこの一瞬一瞬が、奇跡の連続だと気づくでしょう。

私たちは宇宙、地球、自然、身体という調和の中で生かされています。すべてがつながりあっているということに思いを寄せて生きていくことが、これからの時代にとって大きな指針になるでしょう。

本書が、あなたを幸せな人生へといざなう、ささやかな一助となれば幸いです。

令和2年6月　築山知美

ご縁をつなげば、奇跡が起こる

目次

第2章 あきらめずにつながることが幸せを呼ぶ

第3章 自分とつながることから始めよう

第4章 本当に大切なものとつながるために

第5章 自分を信じ切るということ

第6章　大いなるものとのつながりを取り戻す

ブックデザイン　水崎真奈美
本文ＤＴＰ　朝日メディアインターナショナル
編集協力　乙部美帆
構成　江藤ちふみ
編集　斎藤竜哉（サンマーク出版）

プロローグ

「つながり」を生み出すことが私のライフワーク

私はいま、名古屋で子育てをするかたわら、多くの作家やコンサルタント、起業家など各界の著名な方々とつながって、さまざまなイベントや講演会を企画・プロデュースしています。

毎年3万人以上が来場するイベントのキャスティングをしたり、本のプロモーションを兼ねたトークイベントを自ら主催することもあります。そうしたイベントはだいたい数か月に1度の割合で開催し、私自ら登壇してお話しさせていただくことも少なくありません。

また、グレースマインドアカデミーというスクールを主宰し、これからの時代をどのように自分らしく生きるべきかを講義させていただいています。

個性豊かで才能あふれる人たちをおつなぎして、たくさんの人を巻き込んでおもしろいコラボレーションを実現させる。そして、多くの方に喜んでもらえるイベントやセミナーを生み出していく。それが、自分のライフワークだと思って活動しています。

そんな私を、ある方が「アジアNo.1コネクター」と評してくださいました。「コネクター」とは、すなわち、「つなげる人」。

なぜか初対面の人とでもすんなり仲よくなれて、特別なつながりをつくれてしまう。そうやってできたご縁をつなげて、さらに新しいご縁をつくり、たくさんの笑顔を生んでいく。周りの人たちから見ると、私はそのように映るようです。

しかし、以前の私はつながりを意識したことなんてありませんでした。

大手航空会社のグランドスタッフとして、表面的には、仕事もプライベートも華やかな生活を送っていたのですが、20代の後半にうつに近い状態になって、仕事も辞めてしまいました。

人から見たら順風満帆な人生を送っているように見えても、内面は満たされず、心からつながれる相手はほとんどいなかったのです。

そんな私が、「つながり」の大切さを知り、実践することで、人生は180度変わりました。

まずは、私がどんなプロセスでつながりの大切さを知り、人生を変えていったのかから、お話を始めたいと思います。

ご縁とつながりがつくり上げた〝奇跡のイベント〟

2016年のハロウィンの日、東京にある遊園地「としまえん」で600人もの人たちを前にして、私は感動に包まれていました。

この日は、としまえん開園90周年にして初のハロウィン・イベント。絵本作家・のぶみさん、Happyさん、望月俊孝さん、石田久二さんなど、数々のベストセラーを世に出してきた、そうそうたる面々がステージに一堂に会し、またリュウ博士こと八木龍平さん、藤沢あゆみさん、中島芭旺《ばお》くんなど、著名な著者の方々もかけつけてくださいました。

私が感動していたのは、その華やかな光景だけではありません。このトークイベントの総合プロデュースを務めさせていただいたのが、他ならぬ私だったからです。

私はその1年ほど前まで、そんなこととは縁もゆかりもない一介の主婦でした。それが不思議なご縁に導かれ、たくさんの人とのつながりを得ることによって、こうしたイベントの総合プロデュースをさせていただく流れになったのです。

それは、ある広告代理店の社長さんからの一本の電話から始まりました。

その方は以前、友人の紹介で私のカウンセリングを受け、そのアドバイスがもとで、ヨーロッパやアメリカなど、海外に事業を広げて成功したのです。

「奉仕の気持ち」をもって仕事をするとよいですよ、という私のひとことが心に残っていて、そのとおりにやってみたら、事業がとてもうまくいっているとのこと。「あのときは、ありがとう」というお礼のお電話で、そのときはよもやま話をして電話を切りました。

それからしばらくして、その方からまた電話がありました。遊園地「としまえん」の開園90周年でハロウィン・イベントをすることになったが、自分は体調がすぐれないので、このトークイベントの総合プロデュースをやってもらえないか、という依頼でした。

私はそれまで、自分の講演会を主催したことがあるぐらいで、これほどの大きなイベントを取り仕切ったことはありません。

でも私は、チャンスがあれば何でも挑戦したいと思っていました。何事もやってみなければわからない。それならば、と思い切ってイエスの返事をしたのです。

ところが、いざ引き受けたものの、私には人脈もなければ経験もありません。2日間にわたるトークイベントのキャスティングをどのように決めたらよいのか、困り果ててしまいました。

そんなとき、フェイスブックで見つけたのが、絵本作家・のぶみさんが大阪で個展を開催しているという投稿でした。

それは直近に出された絵本の個展で、そのタイトルが『ママがおばけになっちゃった！』というもの。それを見たとたん、ハロウィンにぴったりだと思いました。

ピンときた私は、そのときいた東京からすぐに車で大阪に向かいました。

のぶみさんとは、面識もなければ接点もありません。私は絵本のサイン会に並んで、のぶみさんにトークイベントの出演を直談判してみました。すると、不思議なことに、としまえんはのぶみさんの家に近く、大好きな遊園地でよく行っているとのこと。すぐに手帳を見て日程を調整してくださいました。

それから1週間ほどして、出演ＯＫのお返事をいただくことができたのです。

そして、どうしても出ていただきたかったのが、「引き寄せ」について何冊ものベストセラーを出しているＨａｐｐｙさん。のぶみさんとのコラボを提案してみたところ、おもしろそう！　と快諾いただけました。

それから頭に浮かんだのは「宝地図」で有名な望月俊孝さん。のちほど述べますが、あるセミナーでご一緒させていただき、私の人生に大きな変化をもたらしてくださった方です。

それからは数珠つなぎのように、お世話になった方々を次々に思い浮かべることができました。いずれも出版界に名を馳《は》せる、そうそうたる方々です。

イベントの情報は、新聞、電車広告をはじめ、多数のメディアに取り上げてもらい、告知を始めると、ブログで大人気だったＨａｐｐｙさんのおかげで、あっという間に６００人もの人が集まりました。

ライトアップの点灯式には、出演者の方々もステージに上がり、メリーゴーラウンドや一部の乗り物が貸切になるなど、としまえんの90年の歴史の中でも類を見ないほどに大きな盛り上がりを見せました。

そして、私自身も講演者のひとりとして登壇させていただきました。

出演者がすべて決まった打ち合わせの席で、私にプロデュースを一任してくださった経営者の方が、「知美さんを応援したいと思って任せたのだから、ぜひ知美さんも登壇してほしい」と言ってくださったのです。

このトークイベントは、私にとって忘れ得ない貴重な体験となりました。イベントの初プロデュースであるとともに、初登壇の機会ともなり、それからというもの、その両方を兼ねたイベントを次々に開催するようになったのです。

ご縁のあった人をつなげることによって、より大きなご縁の輪が広がり、すばらしい「つながりの場」をつくることができたのです。

8億円の負債から家族を救った父の〝つながり力〟

思い返せば、私につながることの大切さを教えてくれたきっかけになった出来事がいくつかあります。なかでももっとも大きな転機となったのは、父が多額の負債を負って、家族が大きなピンチに見舞われたことでした。

父は建築関係の事業をしていましたが、ちょうどバブル景気の波に乗って、株や信用取引などの投資を始めました。当初は順調に利益が出ていたものの、バブルが弾けると同時に下り坂になっていきました。

私は30歳を過ぎてから家業を手伝うために実家に戻り、父の経営する会社の経理を手伝うようになったのですが、そのときにフタを開けてみると、負債額はなんと8億円にのぼっていたのです！

驚いた私は、経理を見るかたわら、リフォーム事業を始めるなどして利益を増やす努力をしました。新規事業はうまくいきましたが、負債の額は莫大《ばくだい》でどうにもなりません。

来月は手形が落ちないかもしれない……と、月末になると胃が痛くなる思いをしながら、5年ほど持ちこたえたものの、しだいに利息を返すことすらむずかしくなりました。

そしてとうとうある日、怖《おそ》れていた日が来ました。手形が落ちない事態が起きたのです。家も、人手に渡ってしまう可能性が出てきました。

しかし、やれることはすべてやり尽くしています。

「もう限界だ。どうすればいいんだろう」と、私たちは途方に暮れました。

あと1か月で家を手放さなければならないという崖っぷちに立ち、家族の誰もが倒産と家の差し押さえを覚悟したとき、突然救いの手を差し伸べてくださる方が現れました。

私たちの様子をどこで知ったのか、訪ねてきてくださったAさんは、私たちの家を購入し、そのうえで私たち家族に貸してくれる手続きをとってくれました。さらに私たちがスムーズに暮らしていけるよう、こまやかな心配りをしてくれたのです。

そのおかげで私たち家族は、家を手放すこともなく、負債8億円の逆境から抜け出す道へと進むことができたのです。

なぜ、見ず知らずのAさんが、そこまで親切に手を差し伸べてくださったのか？

私も知りませんでしたが、その昔、父はAさんのお父様が借金を背負ったときに、保証人になったといいます。

しかもそのときAさんのお父様は病を患っていて、余命数か月と宣告されていました。父は、そのことを知っていながら、保証人になったのです。

そのときはAさんがすぐ会社を引き継げたので、結果的に父が負債を負うことはありませんでしたが、もしAさんが継ぐより早く、お父様が亡くなるようなことがあれば、父が負債を背負わなければならないところでした。そんなリスクもある中で、あえて保証人になったのです。

Aさんは、このときの恩を忘れずにいてくれて、手を差し伸べてくださったのです。

このときAさん以外にも、父に救いの手を差し伸べてくれた方が何人もいました。ありがたいことに、銀行も取引先も厳しい取り立てをしたり、父を責めたりすることが、いっさいなかったのです。

こんなに大きな借金をしてしまったのだから、責められて当たり前だと私は覚悟していましたが、責めるどころか「あのとき、よくしてもらったから」「いつもお世話になってきたから」と、みなさんが口々に応援や励ましの言葉をかけてくださり、できるかぎりの融通を利かせてくださったのです。

この出来事で、人とのつながりがどれだけ大切で、ありがたいものかを身にしみて感じました。

これまで人に対してどんな姿勢で向き合ってきたのか、信頼関係を築いてきたかどうか。そのことが鏡のように自分の現実に反映されるのを、目の当たりにしました。

このときの経験が、私のいまのすべての活動の基盤となっています。

それから私はカウンセラーとして活動を開始し、多くの人と出会って、ひとりひとりと大切につながっていくことを心がけていきました。

すると、気がつけば私の周囲には、たくさんの人とのすばらしいつながりが生まれていたのです。

つながりの大切さを教えてくれた日本一の個人投資家

自分や人とつながりを結ぶことの大切さについて、もうひとり、もっとも影響を受けた人を挙げるとしたら、日本一の個人投資家、竹田和平さんです。

和平さんは「タマゴボーロ」で有名な竹田製菓（現・竹田本社）の創業者で、100以上の上場企業の大株主でした。世界一の投資家ウォーレン・バフェットにならって、「和製バフェット」とも呼ばれていました。

それだけでなく人材育成に力を注ぎ、2016年に亡くなるまで、講演会や執筆活動などを通して、精力的に「徳」や「真心」の大切さを説かれました。

私が和平さんと交流させていただいたのは、晩年の3年ほど。友人の誘いで和平さんのお話会に参加し、そのあたたかな人柄と、「日本の将来のため、『真心』と『徳』のあるリーダーの教育に残りの人生を捧《ささ》げたい」という志《こころざし》に感銘を受けました。

優しい笑顔と、握手したときの包み込まれるような手の感触がとても印象的で、どんな人でもお会いすると心を開いてしまう魅力をおもちでした。

いまでも私の宝物になっているのが、初めてお会いした際にもらった言葉です。

和平さんは「名前には、その人の天命が宿っているんだよ」と、集まった約30人全員の名前にこめられた意味を、ひとりひとり解説してくださったのです。

そして和平さんは、私にこう言ってくれました。

「あなたの名前である『知美』の『知』は、口に矢と書くよね。これは、キューピッドが恋人たちの縁を結ぶように、自分の口から発する言葉を真心をこめて伝えて、人と人をつなげていくという意味があるんだよ」

当時から、人と人をつないだりイベントの紹介をしたりするのは、自然にやっていましたが、それが自分の天命だと意識したのは、和平さんのこの言葉がきっかけでした。

それから何度も、和平さんの創設した学びの会「智徳志士の会」に参加し、個人的にもいろいろお話しさせていただくことができました。

この頃すでに和平さんは体調がすぐれず、けっして万全の状態ではなかったのですが、いつお会いしても、参加者のために3時間以上もお話ししてくださったり、質問にも丁寧に答えてくださっていました。

あとで聞いたところによると、和平さんはご自身の病状を知りながら、「自然にまかせたい」と積極的な治療はされず、ご自宅で過ごす道を選ばれたそうです。

最後の最後まで精力的に活動された和平さんの生き様に、私は圧倒されました。

これから生まれてくる世代が困らないように、みんなで助け合いながら、よくなっていく世界をつくる方法を伝えていきたい。

財産や物も大事だけれど、それよりも、真心で通じ合える仲間や、よりよく生きる智恵を大切にする世の中をつくりたい。

次の世代を頼むよ。この思いを、あなたたちに託すからね――。

私は、和平さんからそんなメッセージを受け取ったと思っています。


そんな和平さんの熱い思いを知るにつけ、まだまだ若い私たちが、新しいことに挑戦していかなければいけないのではないか。和平さんの志を、私たちが受け継がなければいけないのではないか――。

そう強く感じたことが、いまの活動につながっています。

自分とつながることが、つながりに満ちた人生をつくる

私が主宰するグレースマインドアカデミーでは、「100％、やりたいことができて、それが100％かなうとしたら、何をしたいですか？」という課題を出して、とことん考えてもらいます。

多くの女性が家事や子育てなど、「しなければならないこと」に追われて日々を生きています。そうした義務がすべてなかったとしたら、やりたいことは何ですか？と自分に問うてみるのです。

自由にできる時間が、数日あったら？　という質問をすると、ひとりで旅行に行きたい、資格の勉強をしたい、など自分がやりたいことが出てきます。

その時間がさらに数週間、数か月あったらどうですか？　と質問すると、「やっぱり子どもと一緒にいたい」「家族と旅行に行きたい」「誰かの役に立つこと（仕事）をしたい」となってくるのです。

つまり、どんな人でも、「やりたいこと」を突き詰めていくと、人とつながりをもちたい、他の人のために何かをしたい、というところに行き着きます。

だから、他の人とつながるためには、まず「自分自身とつながること」が大切なのです。

自分の思いを抑え込んで人に尽くしていると、自分が何をしたいのかわからなくなってしまいます。

そうなると、本当の意味で人とつながることもできなくなってしまうのです。

私たちは誰でも、「つながる力」をもって生まれてきています。

あなたもぜひ、まずは自分自身とつながり、そして大切な人、まだ見ぬ多くの方たち、そしてすべての可能性とつながって、心豊かな人生を歩き始めてください。

この本では、周囲とスムーズにつながり、同時に、自分自身の深い部分とつながっていく方法をくわしくお伝えしていきます。


あなたはいま、誰とつながっていますか？

どんな夢や感情と、つながっていますか？

そして、自分自身と、きちんとつながれていますか？


何とつながっていくかで、私たちの人生は大きく変わっていきます。

もし、あなたが心の底から満足して、豊かな毎日を送りたいと思うなら、ぜひ日々の中で「つながり」を意識していただきたいのです。

たとえ、いま「自分は、望み通りの生活ができていない」「こんなに努力しているのに、なかなか願いがかなわない」と思っていたとしても、大丈夫！

あなたには、自分の望むものとつながって幸せになる力があります。

もともと備わっている「つながる力」を取り戻すだけで、どんな逆境からでも立ち直り、日々喜びの中で生きていけるようになります。

あなたの本当の純粋な気持ち、本来のつながりを取り戻せたら、想像を超えた現実へと変わり始めます。

この本を手に取ってくださったことで、私はあなたとつながることができました。これから、あなたと私がどのようなつながりを築き、あなたの人生にどんな可能性が生まれるのか。いま、とてもワクワクしています。

第 1 章

ご縁をつなぐと、
すばらしい場ができる

どんな場所でもすぐに知り合いをつくる秘訣とは？

「知美さんは、初対面でも5分以内で、相手の信頼と好感を得られるよね！」

「どうして初めて会った人とそんなに打ち解けられるの？」

「おおぜいの人と良好な関係を築けている秘訣《ひけつ》を知りたい！」

……友人や知り合いから、私がよく言われる言葉です。

たしかに、偶然居合わせた人とはすぐに仲よくなって、連絡先を交換することはよくありますし、そこから長いおつきあいが始まることも珍しくありません。

以前にも、こんなことがありました。

いまの上皇ご夫妻が、まだ退位される直前、天皇皇后両陛下でいらした頃のこと。

そろって伊勢をご訪問されたことがありました。

その日、私は入っていた予定がたまたまキャンセルになり、名古屋から急いで伊勢に向かえば、そのお姿を拝見できるかもしれないと思い、電車に飛び乗りました。

両陛下が降りられる予定の宇治山田駅に着くと、まだ数時間前にもかかわらず、すでにそのお姿を一目拝みたいという人たちでごったがえしていました。

私もホールにすし詰め状態になった人のいちばん後ろに立っていましたが、そこからではとてもお姿を拝見できそうにもありません。


私はたまたま隣に立っていた男性に声をかけました。その人はプロのカメラマンなのでしょうか、大きなカメラをぶらさげ、こういう場所にはいかにも慣れているという様子で、両陛下が降りられるホームや階段などの経路をくわしく教えてくださいました。

そして、ここなら近くを通られるかもしれないという場所に、一緒に連れて行ってくださったのです。

その結果、私たちはいちばんよい位置に陣取ることができ、両陛下は私が見守るすぐ近くを歩かれて、そのお姿を拝することができたのです。

このとき、私は近くにいた10人以上の人にも話しかけて、すっかり友達になってしまいました。ラインやメールを交換して、このことをきっかけに、そのあとも交流を続けることができました。

こんな具合に、私はどんな場所でも初対面の人に声をかけ、仲よくなってしまいます。

そんなことを積み重ねていった結果、頼みごとやちょっと知恵を借りたいことがあるとき、すぐに声をかけられる心強い友人や知人が100人はすぐ思い浮かべられます。本当にありがたいことです。

もちろん、そうした人たちの相談にのることもありますし、必要とあれば時間を割いて会いに行くこともあります。たんなる知り合い以上のつきあいを続けている方々が、たくさんいるのです。

でも、これはけっして私が特別な才能をもっているからではありません。

ちょっとした秘訣を知ること、勇気をもつこと、そして何より大切なのは、あくまでも自然体でいるということ。そうすれば誰でもできることなのです。

イベントの人集めはテクニックではなく地道な努力

こんな性格からでしょうか、いつしか私はよくイベントの集客をお願いされることが多くなりました。

「知美さん、来月名古屋でイベントをやるんですが、100人ほど集めてもらえませんか？」などという依頼をいただくようになったのです。

もちろん、そう言っていただけるのは信頼してくださっているからですし、私自身が応援したいイベントであれば、多くの人にお知らせして来てもらえるよう、最善の努力をします。

試行錯誤の結果、いまでは100人ぐらいのイベントでしたら、数週間で集めることができるようになりました。

数百人、千人以上といった比較的大きなイベントでも、もちろん場所やタイミングにもよりますが、多くの場合、たくさんの人に集まってもらうことができます。そうした実績を重ねるたびに、またイベントの運営を依頼されるという循環が起こってきたのです。

では、どのように多くの人たちに声をかけ、集まってもらうのか。私のやり方はこんな具合です。

そのイベントを多くの人たちに伝えたいという気持ちになったら、私はまず、友人の顔を思い浮かべます。

これまで出会った人、つながりのある人……そして、その人たちがどんなことに興味をもっているか、望んでいることは何なのか。私の頭の中には、そうした人たちの情報がたくさん詰まっています。

そして、さっそく、思い浮かんだ友人たちに電話やＳＮＳで連絡をとり、「こんなイベントがあるんだけど、周りに興味のある人はいない？」「何人か集めてもらえない？」とお願いするのです。

もちろん、著名な方にＳＮＳなどでご紹介いただくようにお願いすることもありますが、けっして頼るだけではなく、私自身も努力をします。

誰に声をかけるかは、正直なところ直感としかいえません。

たとえばある著者の先生や有名な方にお目にかかる機会があったとき、この人に会いたがっていた数人の顔が思い浮かんだりします。

その先生が講演会やイベントを行うことになったときには、すぐさま会いたがっていた知り合いに連絡をとることができます。

この人だったら、きっとこういうイベントが好きだろう、この人にとっては必要なイベントだろう、きっと、他の人にも知らせてくれるだろう——そんな直感にしたがって声をかけてみると、とても喜んでいただき、知り合いを何人も引き連れて来ていただけるわけです。

たまに、この人には今回は声をかけなくてもいいかと思って連絡しないでいると、あとから「どうして誘ってもらえなかったのですか?」と言われることもしばしばです。

人はみな、声をかけてもらえると、うれしいものなのです。

そんな「直感」を磨くためには、いかに他人に興味をもち、ふだんから真摯に向き合っているかが大切です。

人の話に耳を傾け、ときにそうした知り合いから悩みの相談があれば、地方に出向いて話を聞きますし、できることがあれば何でもします。

そのようにして、たんなる知り合いというだけでない、大切な友人としての密な関係ができあがっていきます。

そうした積み重ねによって、自然と知り合いのデータとなって蓄積されていきます。

私がしているのは、そんなアナログなことばかりなのです。

心から「いい！」と思えば、人は集まってくれる

以前、ある有名な著者の方と、大阪でのトークイベントで一緒に登壇させていただいたことがありました。私にとっては、大阪でのイベント出演は初めてのことでした。

大阪には何人か、関西でイベントをするときに人を集めてくれる友人がいましたが、今度は地元開催とあって、それだけではとても足りそうにありません。

そこで、私は、大阪で開催された別のイベントに参加者として出席することにしました。１００名ほどが集まるそのイベントで、新たに人とのつながりをつくろうと思ったのです。

イベントでたまたま隣に座った女性と話をしてみたら、すっかり気が合って、知り合いもたくさんいるとのこと。私が関わるトークイベントのことをお知らせすると、初対面にもかかわらず、ぜひ行きたいとのお返事をいただきました。

「それでは、10人集めてもらえますか？」と言ってみると、うれしそうな表情で「え〜!? 私が10人ですか？」と言いながら、結果的に当日には知人を引き連れて参加してくださいました。

けっきょく私は、トークイベントの前に大阪に3回ほど出向き、そのたびごとに新しい知り合いをつくって、本番には会場を満員にすることができたのです。このようにして、イベントと関わるたびに、人とのつながりがどんどん増えていきます。

知り合った人たちのデータが頭に入っているなどというと、いかにも「集客テクニック」のように思われる人も多いと思いますが、実際はそんなものではありません。

じつは「集客」という言葉が私は好きではありません。「お客様を集める」って、何か物を収集するようなニュアンスがありませんか？

もちろん、多様なやり方や価値観があっていいと思うので、集客すること自体を否定しているわけではありません。

ただ私は、人に何かを押しつけたり、自分の都合で人を巻き込んだりすることには抵抗があります。

私がいいなと思うのは、イベントにしても本にしても、その方が「これが好き」「興味がある」と思うもの、「自分に合う」と感じるものを、ご自身が見つけていくことです。

私のもとにはたくさんの情報が集まってくるので、必要な方にそれを見つけていただけるようお知らせするのが、自分の役目だと思っています。

だから、人を集めるお仕事をお請けするときの基準は、「自分が〝これはいい！〟〝すごい！〟と思えるかどうか」「大事な人に紹介したいと感じるか」——これだけです。

そして、何十人、何百人の方にメールやメッセージで連絡するときも、「この人に知らせたい」と思う方にだけ、お知らせしています。

私自身が心の底から「このイベントに参加しないと、一生の損！」と思って連絡するので、多くの方が反応してくださるのだと思います。

いま目の前にいる人を、誰よりも大切にする

人とつながりをもち、確固とした信頼関係で結ばれるためには、ふだんからどのように人とつきあっていくか、その姿勢が大切だと思っています。

「いま目の前にいる人」を大切にする――まずはこれが、私の基本姿勢です。

私はよく、「著名人とのつながりが多くてすごいですね」「どうしたら、そんなに有名な人とおつきあいできるんですか」と言われます。

たしかに、いまの私は、おかげさまでベストセラー作家や売れっ子講師の方々、経営者や大学教授、研究者たちなど、さまざまな著名人と交流させていただけるようになりました。

専業主婦から仕事に復帰したのはほんの数年前ですから、自分でも驚きですし、あ

りがたいことです。


でもじつは、その方が有名か無名かどうかは、あまり意識していません。

どんな方もご縁があってつながった方ばかりなので、もし私にできることがあれば、目の前にいる方のお役に立ちたいと思っているだけです。

仕事に復帰して間もない頃は、著名な方とつながるのがすごいことだと思っていたこともありましたが、有名な人や実績のある人はすごくて、何のキャリアもない自分は劣っているという考え方は違うとすぐに気づきました。

そして、それからはどんな方ともフラットにおつきあいできるようになりました。


初対面の方でも、心を開いてお話しするので、自然にオープンになってくださるのだと思います。

とくに、「あれ、元気がないな」「もしかして、悩みがあるのかな?」と思う人がいると、放っておけない性分です。一緒にいる人たちに笑顔でいてほしいと思っているからです。

また、おしゃべりの輪に入ってこられなかったり、グループになじめずポツンとしたりしている方は「大丈夫かな？」と気になり、すぐ声をかけます。

これはじつは、学生の頃、仲間はずれにされた経験があり、仲間に入れない人の気持ちがわかるからかもしれません。

もちろん、できるだけ多くの方とつながっていきたいと思っていますが、体はひとつしかありません。

ですから日常的には、家族や友人、クライアントの方やセミナーの受講生、イベントを手伝ってくれる仲間など、身近な人たちに対して愛情やエネルギーを注ぐことが多くなります。

私もそういった人たちのおかげで幸せに生きていけるので、せいいっぱいできることをして、周囲の人たちを幸せにしたいと思っているのです。

大げさなことはできませんが、ちょっとした挨拶や言葉かけ、料理や家事に心をこめることを意識しています。意外におろそかになってしまうのが、そういった普通のことだからです。

日常の中にこそ私の人生の基本があり、たくさんの方とつながっていく土台があると思っています。

自分の「感情」を無視してはいけません!

私が日頃から、絶対に無視しないと決めているのが「感情」です。

自分の中にある「いまどうしたいのか」「何を感じているのか」という思いを丁寧に感じて、できるかぎり、それにしたがいたいと思っています。

感情を無視して、周りの人たちの意向ばかりを気にして行動していると、苦しむのは自分自身です。それに、自分を取り繕って人と接するのは、周りの人たちに対しても誠実ではないと思うのです。

ですから、日々たくさん交わしているメールや電話も、「あ、この方に連絡しておかなきゃ」「このメールの返信は早いほうがいい」などと、自分の感覚にしたがって済ませていきます。

不思議ですが、メールやＳＮＳのメッセージには波長のようなものがあります。本当に必要なつながりであれば、波長がピタッと合うのでわかります。

だからといって、ポジティブな内容のものだけに波長が合って返信するのではありません。

悩みや問題を抱えている方からのご連絡で、私のちょっとしたアドバイスやサポートが必要だと思うものは、都合のつくかぎり、早めにお返事を差し上げています。

それと並行して、ときどきプライベートな悩み相談にたっぷり時間をかけることもあります。それは、私自身が相手の方と「いま、ここでじっくり話したい」と思うときです。

自分が誰と会いたいか、何を話したいか——誰かに連絡をとるときのバロメーターはそれだけでいい。

「人のために、そんなに時間を使って大丈夫なの？」と言われることもありますが、けっして無理をしているわけではありません。

家族との時間や自分の時間を犠牲にすることは絶対にしないと決めているので、自分に余裕があるときに、できる範囲のことをやっているだけなのです。

でも時間は限られていますから、ときにどうしても優先順位が下がってしまうご連絡もあります。

たとえば、セールスだけが目的だったり、うわべだけのご挨拶だったり……。ひとことでいえば「思い」のこもっていないメールです。

気が向かないのに義務感で社交辞令をお返しするのは、かえって相手にも失礼ですから、そういったメールは、結果的にスルーすることになってしまうのです。

でもだからこそ、大切な時間を本当に大切な人のためだけに使えるのだと思っています。

おもしろいことに、そういう人とは自然に疎遠になって縁が切れたり、相手の方からパタッとご連絡がなくなったりします。

いずれにしても、私はまったく無理することなく、相手の方とおつきあいできます。「自分」という基準がつねにぶれないからこそ、心地いい人づきあいができているのだと思います。

「よい、悪い」だけで人は判断できない

日々さまざまな方と会う中で、ときには苦手な人や「価値観が違うな」と思う方もいます。でも、私から連絡を絶つことはありません。

どんな人でも多面的に見るということを、私は心がけています。

相手をジャッジしたり拒否したりするのではなく、「なるほど、こういう考えもあるよね」といったん受け入れ、そして自分の心地よい距離感でおつきあいします。

自分の価値観と合わない部分があると、私たちはつい、相手を排除したり対立したりしがちです。イヤな言動をとられると、感情的に反応してしまうのもわからなくはありません。でもそうすると、人を善悪や好き嫌いで判断する世界でしか生きられません。

人は多面的な存在です。たとえ、自分とは合わないと思う一面があったとしても、ひとりの人間には、必ずそれとは違う一面があります。

私たちはつい、「よい、悪い」「正しい、間違っている」という軸で相手や自分自身を判断しがちですが、どんな状態であっても、あらゆる人は「そのままで完璧」なのです。

もし、相手を利用しようとしたり、自分だけが得しようとしたりする人がいたとしても、その方と調和しながら何かを成し遂げることは可能だと私は思っています。

自分も相手も、いつでも完璧だと知っていれば、たとえ摩擦や葛藤があったとしても、お互いがいまそれぞれに、気づきの途中だととらえられます。そこから、本当のコミュニケーションが始まります。

そうやって、表面的な見方を超えて調和できる方向に向かう目線で、関係をとらえてみるのです。

ただし、一方的に相手に歩み寄るのではなく、自分の軸やあり方をしっかり保ったまま接することを心がけています。そして、その人とやろうとすることが、世の中全体や人のために役立つかどうかを意識しています。

といっても、このようなとらえ方が昔からできていたわけではありません。以前は、相手を排除しようとしたり、否定してしまったりしたこともあります。

いまのようなスタンスでどんな方ともおつきあいできるようになったのは、あるとき自分自身が完璧だと気づいたからです。そのことに気づいて以来、私の視界は大きく変わりました。

いまあなたは、「そんなふうに思えたらいいけど、無理！」と思っているかもしれませんね。以前の私も同じだったので、よくわかります。

まずは、いまのご自身を否定せず、「そうなんだな」と思いながら読み進めていっていただけたらと思います。

世の中にとってプラスになるかどうかを考える

前に述べたとおり、イベントでも本でも、広めたいと思うのはまずは自分が「本当によい」と思うものです。

この人の話は、本当は何十万円もの価値がある。そのすばらしい話を数千円で聞くことができるのだから、必ずためになる。そういう思いがあるからこそ、自信をもってご紹介できるのです。

これぐらいのマインドをもって人にご紹介すると、そのよさをわかっていただけないときには、本当に残念なことだという気になります。

では、私がどんなものを好きだと思い、「大事な人に紹介したい」と感じるかというと、とてもシンプルです。

世の中をよくしていこうという「志《こころざし》」が感じられるもの、参加者や読者の成長や発展につながるもの。そして、そこに「気づき」が得られるもの。

このようにいうと、ちょっと「上から目線」のように感じられるかもしれませんが、せっかく私を信頼して、つながってくださっている方にお声かけするのですから、主催者や著者の方が自分の利益だけを考えているイベントや本を紹介することはできません。ですから、そこはきちんと自分の感性に照らし合わせます。

私自身、「このイベントに行きたい！」「この人の話を聞きたい！」と思ったら、都合がつくかぎり、遠方にでも足を運んで学びを深めてきました。そして、そこでの気づきや出会いによって、人生が大きく変わりました。

時間とお金と労力を、学びや成長のために使うことの大切さを、私自身が心の底から実感しているからこそ、私が発信する情報で、ひとりでも多くの方が変化を起こしていく体験をするお手伝いができたらと考えているのです。

人同士をおつなぎするときも同じ思いです。

私の周りには、すばらしい才能や能力をもった方、素敵な活動をされている方がたくさんいらっしゃいます。

「この方とこの方をつないだら、きっと世の中全体にとってプラスになる」と感じたときだけご紹介したり、コラボイベントを企画したりしています。

このスタンスがぶれることはありません。それが、信頼していただけるひとつの要素なのかもしれません。

つながれなくても自分を責めない、へこまない

もちろん私も、落ち込んだりストレスがたまって気が滅入ったりすることはありま

す。

でも、自分が何かをオファーしたり頼みごとをしたりして断られたとしても、全然へこみません（笑）。答えがNOであっても平気です。

「残念だな」とは思いますが、「だから、自分はダメなんだ」とか「ツイてない」と考えたことはないのです。

なぜなら、断られたからといって、私の価値が下がるわけではないと知っているからです。

「自分は価値がない」「私はダメな人間だ」と思うとき、相手が自分を傷つけているわけではありません。自分が自分を傷つけているのです。

私はそうやって自分を悲しませたりはしないと決めています。相手によって自分自身が変わるわけではないのですから。

でも、「断られるのが怖いから気持ちを相手に言えない」「傷つくのがイヤだから希望を伝えられない」という人は多いですよね。相手を大事に思っていればなおさら、その気持ちは強くなるのでしょう。

けれど、断られない自分、相手にふさわしい自分になればいいのだと、私は考えます。だから、もし断られたら、「理由を教えていただいていいですか？」と必ず尋ねます。

もしその理由が、自分の成長によって補えるものなら、努力して再チャレンジしますし、相手のタイミングや事情によるものだったら、ご縁がなかったのだなとあきらめればいいのです。（これは、仕事だけでなく恋愛でも一緒です）

もうひとつ、私がへこまない理由をお伝えすると、すべてのご縁は天の采配によって結ばれると思っているからでしょう。

もし、そのときうまくご縁がつながらなくても、つながるべき方とは最終的にいつかつながれるものです。それが「いま」ではないだけ。

そう考えると、次は誰とどんなご縁を結ぼうかなと、すぐ気分を切り換えられるのです。

自分に来たご縁は、次の人へと回していく

私は、情報や物や人とのご縁は、より多くの方に回していくために来ているものなので、自分のところで止めてはいけないと思っています。

それで次の方たちに回していくと、いい縁がまたやってくるので、それをまた次に回していく……。そんなサイクルを繰り返していると、自分が幸せなエネルギーを回しているパイプのような役割を果たしているなあと思うことがあります。

とはいっても、ただ回せばよいというわけではありません。

やってきた情報やご縁は、いったん自分で受け止め、これはぜひ多くの方にお教えしたいと思った情報や、つなぎたいと思ったご縁をつなぎ、来たものをどんどん次の方に回していきます。すると、エネルギーの流れる筒になったように感じるのです。

自分のところでストップさせてしまうと流れが滞り、入ってくる情報や縁も入らなくなります。だから、つねに意識して自分のところでは止めないようにしています。ただし、いったん次に回せば、私の役割は終わりです。その情報を受け取るかどうかは、みなさんの自由ですから、こだわりはありません。

自分でもおもしろいなと思うのですが、そうやって、次々に情報やご縁をつなげていくと、私のもとに入ってくるものの質やエネルギーがどんどん高くなっていきます。つまり、いいご縁や多くの人に役立つ情報が集まってくるのです。

たとえるなら、パイプを流れるエネルギーの粒子が細かくそろっているので、粗い粒子のものは入ってこられなくなる。そんなイメージです。

回す情報の量やスピードが上がるので、やってくるもののクオリティも上がるのかもしれません。

周りを見ても、自分の得になることだけを考えている活動は、どこかでストップがかかったり、規模が広がらなかったりすることが多いように感じます。

自分のもっているものを分かち合い、循環させていく。すると、また新しいものが入ってくる。これが、豊かなつながりの基本だと思います。

第2章

あきらめずに
つながることが幸せを呼ぶ

あと一歩の勇気が人生を変えていく

「あのとき、どうして勇気が出なかったのだろう」

「なぜ、あそこで尻込みしてしまったのだろう」

そんなふうに後悔していることが、あなたにもあるのではないでしょうか？

もし、心当たりがあるとしたら、あなた自身の中に、一歩踏み出す勇気や行動力があることを思い出していただきたいと思います。


竹田和平さんとのご縁について、前に述べましたが、じつは和平さんとのつながりの中でひとつだけ、いまでも「もし、あのとき……」と悔やんでいることがあります。和平さんが亡くなる４か月ほど前のことです。

その頃私は、ポッドキャスト（インターネットラジオ）で自分の番組をつくり、対談やトークを発信しようと準備を進めていました。

その初回のゲストとして、和平さんに出演していただきたいと思い立ったのですが、まだ仕事を再開したばかりの私がオファーするのは気が引けて、ためらっていました。

和平さん自身はとても気さくな方で、私が主催する講演会で流すメッセージビデオにコメントをお願いすると、気軽に応じてくださったこともありました。

でも、お忙しい和平さんに対談をお願いするとなると、ちょっと二の足を踏んでいたのです。

あるとき、知人にそのことを話したところ、「じゃあ、手伝ってあげる！」と、あれよあれよという間に企画書を作成し、メールの文面まで考えてくれました。

そのサポートのおかげで勇気を出してオファーしたところ、あっさりOKのご返事をいただけたのです！

にもかかわらず、いざスケジュール調整をする段階になって、「私なんかが、和平さんと対談していいのだろうか」と迷う気持ちが出てきてしまいました。

もちろん和平さんが、業績や肩書きで人を見る方ではないことは知っています。

私が何者かということよりも、「何を伝えようとしているのか」を見抜いてくださり、時間をつくってくださろうとしていることもわかっていました。

でも、どうしても自分に自信がもてません。

これは、自分自身も成長できるチャンスだとわかっていましたが、一歩踏み出す勇気がもてなかったのです。

それで、とうとう「もう少し態勢が整ってから再度お願いするので、少しお時間をいただけますか」と秘書の方にご連絡したのでした。

もっと自信がついてから、あらためて和平さんと対談したいと思ったのです。


結局、再オファーしたのは、3か月後のことでした。

でもそのとき、和平さんは体調を崩していらっしゃいました。

「体調がもう少し回復したら、ぜひやりましょう」とお返事いただいたのですが、その約束はかなうことなく、和平さんは帰らぬ人となってしまいました。

最初にOKをいただいたときに、私が「自分なんて」とためらっていなければ、和平さんの思いを多くの人に伝えることができたはずです。

なぜ、そこで「はい、やりましょう！」と言えなかったのだろうと、悔しくてたまりませんでした。

お通夜に参列し、私は和平さんに誓いました。

これから、自分がやりたいことは絶対、素直にやります。もし、チャンスをいただいたら、どんなことでも挑戦します——と。

人が成長したり、チャンスをつかんで新しいステージに行ったりするときには、ひるんでしまうような大きな壁が目の前に現れます。

そんなときには、当然、迷いや自己卑下する気持ちが生まれて、心が揺さぶられます。

でもそこで、立ち止まってしまったら大切な機会を逸してしまいます。

とくに、その時々で生まれる人とのつながりは、あとでどんなに望んでも取り返せない貴重なものです。

和平さんは、本当に多くのことを教えてくれましたが、最後にかけがえのない学びを私に贈ってくれました。


それからというもの、私は少しずつですが、「自分なんて」と臆する気持ちを飛び越える勇気を、もてるようになりました。

たとえば、会いたいと思った方にはすぐお声かけする。

初対面の方でも、自分が伝えたいと思ったことを伝える。

自分がこうしたいと望んだことは、ちょっと気が引けても、はっきり伝える……。

そんなふうにチャレンジできるようになったのです。

すると、意外なほどすんなり相手に伝わったり、希望が通ったりします。それで、自分の行動しだいで結果が変わるんだ、と実感したのです。

以前は、「厚かましいと思われないだろうか」「失礼にあたらないだろうか」と心配することも少なくありませんでしたが、ほとんどの場合、それは取り越し苦労にすぎないと気づきました。

また、もしうまくいかなかったとしても、「タイミングが違うだけね」「今回はご縁がなかったのね」と思える強さや、図太さ（笑）も生まれました。

それは実際に、行動してきたからだなと思います。

自分に厳しいことの多い私ですが、和平さんに誓ったことをちゃんと生かしている自分を、自分でほめてあげたいです。

伝えるべき人には必ず思いを伝えよう！

ほんの少しだけ勇気を出せば、それまでの雨空が突然晴れて虹がかかるみたいに、長年悩んできたことが解決する——そんな奇跡が、この世界には起こります。

カウンセリングやセミナーを通して、その勇気を行動に移すのを無理のない形で後押しするのが、私の役割であり、喜びでもあります。

でも、「もし思いを伝えて拒絶されたらどうしよう」とか、「バカにされたらイヤだな」と考えて、なかなか行動に移せないことも多いですよね。

あなたのそんなためらいが少しでも減るように、10年以上、ひそかに思い続けた人と連絡をとることができた方のお話を紹介しましょう。

Sさんと初めてお会いしたのは、とある集まりに参加したときでした。

仕事もできそうで、素敵な雰囲気をもつビジネスマンのSさんでしたが、心にひっかかることがあるようにお見受けしました。お話ししていても、どこか晴れ晴れとした表情ではないのです。

そこで思い切って、「不躾《ぶしつけ》ですが、何か、気になっていらっしゃることでもあるのですか?」と聞いてみました。

すると、Sさんは「あぁ」と表情を曇らせて、こうおっしゃいました。

「もしあるとしたら、娘のことです。10年ほど前に離婚して以来、会っていないんです。もう20歳になっていると思うんですが……」

くわしくうかがってみると、Sさんは、以前SNSで娘さんを見つけ、友達申請だけはしてつながっているとのこと。私は、「じゃあ、連絡してみたらいかがですか？」と言いました。

「でも、突然連絡したら、娘は驚くでしょう？」とSさんはためらいます。

「〝お父さんは、あなたのことを大切に思っているよ〟と伝えるのが、まず第一歩だと思いますよ」と、私はお伝えしました。

それでもためらうSさんに「ずっと娘さんのことを思っていらっしゃるんですよね？」と聞くと、「1日も忘れたことはありません。毎日、娘のことを思っています」とおっしゃいます。

「じゃあ、それをそのままメッセージで書いたらいいじゃないですか。どう思うかは、相手の問題ですから。でも、自分を思ってくれている人がいたと知ったら、きっと娘さんはうれしいと思いますよ」とお伝えしました。

ふだんの私だったら、求められてもいないのに人にアドバイスをすることはありません。まして初めてお会いした人なら、なおさらです。

でも、なぜかそのときは、Ｓさんにそうお伝えしなければと感じたのです。

「もし、すぐに返事が来なくても、気にしないでくださいね。いままで10年も連絡していなかったのだから、急に打ち解けられると期待すると落ち込んでしまいますから、気長に考えてくださいね」とお伝えして別れたのでした。

あるイベントで再会したＳさんから、うれしいご報告を聞いたのは、それから１か月ほどたってからです。

Ｓさんは、その日のうちに娘さんにメッセージしたそうです。緊張して、送信ボタンを押す手が震えたといいます。

ところが、やはり返信は来ませんでした。しかたないとあきらめていたＳさんですが、私と再会する前日に、娘さんからお礼のメールが返ってきたそうです。

「とても怖かったけれど、あのとき連絡しなければ、娘から返事が来ることもありませんでした。ありがとうございました」と、Sさんは晴れやかな表情で言ってくださいました。

いちばん言いにくい人に感謝を伝えてみる

自分がどうしたいか、誰に何を伝えたいか——。

あなたは、その気持ちをきちんと見てあげられているでしょうか?

誰かとつながるためには、まず自分の気持ちに正直になることが、とても大事です。

といっても、相手に伝わらない可能性もあるのですから、それは怖いことかもしれません。

でもSさんのように、怖いけれど逃げずに思いを伝えていくと、案外、受け入れてもらえることも多いはずです。

また、すぐにではないかもしれないけれど、自分が思っているよりも、ずっと優しい反応が返ってくるものです。

私はセミナーで、「いちばん言いにくい人に、感謝を伝えてください」という課題を出すことがあります。

話しやすい人や自分を受け入れてくれそうな人には、本音を言いやすいですよね。でも、わだかまりのある人や少し距離のある相手、また嫌われるのが怖い相手に対しては、「どう思われるだろう」と反応が気になって、本心が言えないことがよくあります。

だからこそ、怖《おそ》れや迷いを超えてそういった相手に言いたいことが言えると、自分のつくっていた枠を外せます。

そこで、ひとつのレッスンとして、まず感謝を伝える練習から始めるのです。

言いにくい相手に思いを伝えるときに大切なのは、「相手の反応がどうあれ気にしない」と決めてしまうことです。

反応が返ってこなかったり、自分の思惑通りの返事ではなかったりするのは想定のうえで、相手に伝えるのです。

そうすれば、無心になって自分の気持ちを伝えられます。

もしそこに、損得勘定や相手をコントロールしようと思う気持ちがあると、相手も敏感に感じ取ります。

自分のありのままの気持ちを偽らずに出すから、相手もそれを受け入れられるし、ときには、受け入れられない場合があったとしても、自分自身はすがすがしい気分でいられるのです。

セミナー受講生だったIさんは、元カレに連絡をとり、感謝の気持ちを伝えたそうです。

Iさんの中では、彼がまだ好きだという思いもありましたが、「ありがとう」をきちんと伝えられていなかったのが、一番の心残りだったといいます。

残念ながら、彼からの返信はなかったとのこと。「でも伝えられて、スッキリしました！」とＩさんは笑顔で言いました。

自分の気持ちを伝えられたことで、引きずっていたわだかまりや未練をきっぱり断ち切り、次の恋愛へのスタートが切れるに違いありません。Ｉさんのさわやかな笑顔を見て、私はそう思いました。

「いまだ！」と思ったときが動き出すとき

気持ちを伝えることも大切ですが、自分のために、「ここぞ」というときに行動してみることも大切です。そうすることによって幸せの扉が開いていきます。

ふだんは気が長い私ですが、「いまの自分に必要だ」と直感が働くと、昔から、すぐ行動するタイプでした。この気質が、現在の私につながる大きな原動力になったのかもしれません。

その中でも、あの行動や決断がターニングポイントになったと思うものがいくつかあります。そのひとつが、あるセミナーに参加したときのことでした。

2015年夏、その日私は、午前7時にほとんど人気のないお台場のイベント会場前で、扉が開くのをひとり待っていました。世界のベストセラー作家、ジャック・キャンフィールドさん、ジョン・グレイさん、ジャネット・アットウッドさんと日本を代表するベストセラー作家の本田健さんによる連続セミナーの2日目のことです。

なかでも、自分の情熱の原点を探る「パッションテスト」の創始者であるジャネット・アットウッドさんの1日目のセミナーをお聞きして、パワフルで愛にあふれた彼女のトークと人柄にすっかり魅了されてしまい、2日目はぜひ最前列に座りたいと思って、会場に一番乗りしたのでした。

当時、ふたり目の子どもがほしくて不妊治療をしていたのですが結果が出ず、何か別の道があるのではと探していたとき、ふと目にとまり、どうしても行きたいと参加したセミナーでした。東京でセミナーに参加するのは、じつに6年ぶりのことでした。

しばらくすると、笑顔の素敵な紳士が来られたので、ご挨拶して言葉を交わし始めました。何人か加わって話すうちに、その方が「宝地図」で有名な望月俊孝さんだとわかり、驚きました。

「宝地図」は、自分の夢をビジュアル化した写真やイラストをボードに貼る願望実現の有名なテクニックで、私も作った経験がありました。

望月さんはとても優しく聞き上手な方だったので、イベントが始まる頃にはすっかり打ち解け、私は自己紹介しながら、その頃芽生えていた「本を書きたい」という夢や、ジャネットのセミナーに感動したことをお話ししていたのでした。

私の話を一通り聞いた望月さんは、「あなたの話は、絶対本になるよ」と勇気づけてくださったのです。

このときの望月さんの言葉とジャネットのパッションテストが、その後の私を大きく変えることになりました。

有名な作家の方に励ましていただいて、私は素直にうれしく思いました。でも、不安や怖れも大きかったですし、自信があったわけでもありません。

しかし、実際にパッションテストを受けてみると、真っ先に出てきたのが「出版すること」でした。

子育てに専念したいとずっとセーブしていた仕事を再開したばかりの頃でしたので、自分の中にあった出版への夢も、実現は遠い未来のことだとばかり思っていました。

でもこの日、「私はやっぱり本を出版して、人の役に立ちたい！」という思いが明確になったのです。

それとあわせて、本田健さんをはじめとする世界的スピーカーの講演を聴いて人生の気づきをもらい、感銘を受けた私は、セミナーや講演もぜひやっていきたいと思いました。

そして翌日、地元の名古屋に帰った私は、さっそく行動を開始しました。

キャパ100名の会場を探して、半年後の12月に予約を入れたのです！　そう、自分の講演会を開くためです。

その頃、フェイスブックでのお友達は、わずか数名。お客様も口コミが主だったので、１００名もの参加者を集めるあてがあったわけではありません。もちろん、講演の経験もありません。

いま振り返ると、思い切った行動をしたものです。でも、なぜか迷いはありませんでした。

ジャネットのようにそこに存在するだけで愛とエネルギーを分け与えられる人に、そして望月さんのように人の思いを優しく汲《く》み取って励ませる人、そして本田健さんのように本や講演で多くの人の人生にきっかけを与え、世界へと大きな視野をもつリーダーに私もなりたいと決めたからです。

以前からのクライアントさんや友人たちに私の思いを話すと、喜んでスタッフとして協力すると言ってくれました。

不安になったら、自分の原点を振り返ってみる

ところが、講演会の日にちが近づくにつれて、私は不安になっていきました。

お申し込みはポツポツといただいていたのですが、満席にはまだ遠い状態でした。カウンセリングでおおぜいの方に接してきたとはいえ、ほんの3か月前まで専業主婦でほとんど知名度のない自分が、100名も集められるのだろうかという思いがふくらんできたのです。

このままでは、手伝ってくれるスタッフにも迷惑がかかってしまう……迷いはどんどん大きくなり、追い詰められていきました。

講演会まであと2か月に迫ったとき、私はとうとう「いまなら間に合うからキャンセルしようか」と、スタッフのひとりに話をしました。するとその彼女は、私を見てこう言ったのです。

「知美さんは、なぜ講演会をしようと思ったんですか？」

私はハッとしました。そして、自分の思いを振り返って答えました。

「私の話を聞いた誰かの心が少しでも救われて、元気になってくれたらと思って」

すると彼女は、「じゃあ、どうしてやめるんですか？」と、さも不思議そうに言ったのです。

一瞬、「だって、参加者が集まらなかったら、せっかく手伝ってくれているみんなに迷惑をかけるじゃない？」と言いかけましたが、すぐに「いや、違う！」と思い直しました。

人が集まらないからやめると考えるのは、やっぱりおかしいと気づいたのです。

たったひとりでも、私の話を聞いてくれたら……。

たったひとりが何かに気づき、元気になってくれたら……。

たったひとりの悩みが消え、笑顔が生まれたら……。

それが、私がカウンセリングを始めたときの原点であり、出版や講演活動をしたいと思った出発点でした。

そんな私に、スタッフはみなこう言ってくれました。

「集客は私たちがやるので、知美さんは、当日話す内容だけを考えていてください」

「お客様のために、最高の講演にすることだけに集中してください」

本当にありがたく、心強い言葉でした。

そして当日、彼女たちのおかげで会場は満席になり、それまでの人生で学んだこと、つらい時期があったとしても必ず乗り越えられることを、100人の方に心をこめてお話しさせていただくことができたのです。

会場には、涙を流しながら聞いてくださるお客様が何人もいらっしゃいました。

その後、カウンセリングの仕事をしながら、自分でも2か月に1回のペースでセミナーを主催し、出会った人をつないでいくうちに、名古屋でのイベント開催をオファーされたり、本のPRを任されたりするようになりました。コネクターやプロデューサーとしての活動もしだいに増え、いまの活動につながっています。

あなたがもし、何かを始めたいと思ったとき、「失敗したら怖い」「やっぱり不安だからやめたい」と迷うことがあるかもしれません。

でも、あなたの勇気や行動が、ひとりの人を元気にできるかもしれません。誰かの心を明るくできるかもしれません。

だから、勇気をもって行動してみてください。その勇気は、必ず必要な人に伝わると、私は思っています。

あきらめなければ思いは必ず通じる!

先日、「長年ひとりで悩んできたけれど、うつになって働けなくなった子どもにどう接していいかわからない」というご相談がありました。

私は、「お子さんがいまの状態でも完璧であると信頼して、けっしてあきらめないでくださいね」と、まずお伝えしました。

そして「お子さんの状態は、成長するためのひとつのメッセージで、これから絶対によくなっていく。そんなビジョンをもってください」とお話ししました。

どんな状況でも、あきらめなければ必ず光が見えてきます。

でも、悩みの渦中にあるときは、そう簡単には、前向きな気持ちになれないものですよね。とくに、長期間悩んでこられた方なら、なおさらです。クライアントの方の表情も、まだ曇ったままの状態でした。

そこで私は、長い年月を経て和解できた、母との体験をお話ししました。


母は、私が中学1年生のとき、精神を病んで入院しました。

父が会社経営を始めてから、母は父を手伝って、会社の経理の仕事をしていました。

しかし、母が経理の仕事が好きではないのに無理をしていることは、子どもの目にもあきらかでした。やがて、いろいろなストレスが重なり、心に異常をきたすようにな

郵 便 は が き

料金受取人払郵便

新宿北局承認

8503

差出有効期間
2022年 3 月
31日まで
切手を貼らずに
お出しください。

169-8790

154

東京都新宿区
高田馬場2-16-11
高田馬場216ビル 5 F

サンマーク出版愛読者係行

ご 住 所	〒　　都道府県	
フリガナ		☎
お 名 前		(　　　)
電子メールアドレス		

ご記入されたご住所、お名前、メールアドレスなどは企画の参考、企画用アンケートの依頼、および商品情報の案内の目的にのみ使用するもので、他の目的では使用いたしません。
尚、下記をご希望の方には無料で郵送いたしますので、□欄に✓印を記入し投函して下さい。
□サンマーク出版発行図書目録

1 お買い求めいただいた本の名。

2 本書をお読みになった感想。

3 お買い求めになった書店名。

市・区・郡　　　　　　町・村　　　　　　書店

4 本書をお買い求めになった動機は?

・書店で見て　　・人にすすめられて
・新聞広告を見て(朝日・読売・毎日・日経・その他=　　　　)
・雑誌広告を見て(掲載誌=　　　　)
・その他(　　　　)

ご購読ありがとうございます。今後の出版物の参考とさせていただきますので、上記のアンケートにお答えください。**抽選で毎月10名の方に図書カード(1000円分)をお送りします。**なお、ご記入いただいた個人情報以外のデータは編集資料の他、広告に使用させていただく場合がございます。

5 下記、ご記入お願いします。

ご職業	1 会社員(業種　　　)2 自営業(業種　　　) 3 公務員(職種　　　)4 学生(中・高・高専・大・専門・院) 5 主婦　　6 その他(　　　)		
性別	男・女	年齢	歳

ってきたのです。

病気のせいで、人が変わったように取り乱し、自分の世界に入ってしまう母の姿に、私は大きなショックを受けました。

入院を余儀なくされた母は1年ほどで退院できたのですが、それからはすっかりコミュニケーションがとれない状態になってしまい、そこから長い母の闘病生活が始まりました。

なんとか治したい一心で、私は心理学や精神世界の本を読み、心について勉強を重ねました。しかし、母の病状はなかなか回復しませんでした。

発病以来、母は食事を作れなくなったので、祖母に助けてもらいながら、私が弟の母親代わりをつとめてきました。

そんななかでも私は学校の勉強も部活も必死でやり、誰にも弱音を吐かず、とにかく一生懸命がんばり続けました。

「この母親だったから、幸せになれなかった」と言うのはイヤだったからです。「いつかは必ず、昔のように戻れる」と信じて、母と接し続けてきました。

でも、20代になると、私は家から遠ざかるようになりました。いつまでも回復しない母の姿を見たくないという思いが強くなってきたのです。

「本当は、普通のお母さんみたいに、面倒を見てほしかった」「気遣いや愛がほしかった」「私はこんなに愛しているのに、なぜ自分勝手なことばかりするの⁉」……。

そう思うと母に対する怒りが湧いてきて、「どうせ私なんか、愛されないんだ」と自暴自棄な気持ちになってしまったのです。

そんな思いを振り切るように、その頃の私は、仕事も遊びも恋愛も、全力で楽しみました。

外側から見て非の打ち所のない「幸せ」を手に入れ、華やかな生活を送っていたように思えた20代でしたが、心の片隅ではいつも、母のことを気にしていました。

いま思えば、母に「私、がんばったよ」と言いたかったのです。何より母の笑顔を見たい――それが、私の本心でした。

前に述べたように、父が経営していた会社が負債を抱えて、家に戻らざるを得なくなったのは、「家族という大切な存在に向き合いなさい」という天の采配ではなかったかと思います。

私は、病気という形で切り離されてしまった母に、もう一度向き合うことになりました。

30代後半になって、私がカウンセリングやセミナーを始めてからのことです。クライアントの方と一緒に神社巡りに行く機会があり、母を誘って一緒に出かけました。

私はいつも、クライアントや受講生の方々に、いまの自分があるのは母とのことがあったからであり、母の存在がなければ、みなさんとのつながりも生まれなかったとお話ししていました。

なので、クライアントの方が「お母様、ありがとうございます」と、母にお礼を言ってくださったのです。

その言葉が心に残っていたからでしょうか。後日、母は突然、目に涙を浮かべて私にこう言ったのです。

「私は知美ちゃんに何もしてあげられなかったのに、なぜそこまでしてくれるの？」

「知美ちゃん、ありがとうね、ありがとう……」

私はこれまでの思いがあふれ出しました。

「お母さんが大好きだから」「お母さんに喜んでほしいから」「私がしたいからしているの。お母さんのためなら何でもできる」「ただ、お母さんが生きていてくれるだけでいいの」……そう言うと、母とふたり抱き合って泣きました。

長い年月をかけて、母と深く深くつながり合えた瞬間でした。

どんな人でも、「完璧な存在」として見ること

母との関係を通して、私が学んだもっとも大切なことは、どんな人であっても、完璧な存在として「全肯定」することでした。

発病した母と関わっていくことは、私にとっては、つらい試練の日々でした。どんなに愛をもって接しても、母からの愛が返ってくることはない。病状が回復してからも、感謝の言葉すらない。そんな日々が何十年と続きました。

いま、その頃を振り返ってみると、自分は母を愛していると信じ込んでいましたが、その奥には「自分の思い通りになってほしい」という願いがあったのです。「自分がこれだけやってあげているのだから、これだけ返して」と取り引きする気持ち……。

「自分の思い通りにコントロールしたい」と望む欲……。

「自分がそう思うのだから、相手もきっと同じはず」といった思い込み……。

これは、恋愛も含めた人間関係全般にいえることだと思います。

相手を思う気持ちの裏側には、じつはこうした思いが潜んでいることがあるのです。


でも、カウンセリングなどを学ぶ中で、病気が完治しなくても母はそのままで「完璧な存在」なのだと気づいていきました。

それ以来、母がどんな状態であろうと、完璧な存在として私は母と接していきました。

そのように接するうちに、時間はかかりましたが、母も旅行や語学の勉強、茶道など好きなことを見つけて自分を取り戻し、また病状も少しずつ回復して、徐々に家族としての会話を楽しめるようになりました。


もちろん、私も含めて人間には欠点や弱点があります。残念ながら、ときには相手を傷つけたりおとしめたりしようとする人もいます。自分だけが得しようと考える人もいます。

でも、どんな人も、本質の部分では「完璧」なのです。

カウンセリングのときも、私はいつもクライアントの方の「完璧さ」を見るということを心がけています。

そして、どんなに深刻な悩みがあっても、どんなに変化の度合いが遅くても、まず「あなたはいつも完璧です」とお伝えし、完璧だから必ずよくなると思ってお話ししています。

そのような思いをもってお話をお聞きすると、クライアントの方は徐々に心を開いてくださいます。

「何十年も人に言えなかったことを初めて話しました」「こんなことを人に話すのは初めてです」——そのようにおっしゃっていただくことも少なくありません。

そんな言葉を聞かせていただくたびに、涙が出るほどうれしくなります。

母との関係で学んだことが、私の活動の原点となっているのです。

天が与えてくれた「つながり」というプレゼント

先日、母との間で、神様からのプレゼントかなと思うような出来事がありました。

その日、ちょうど大きなイベントが終わって疲れが出たのか、私はめずらしく朝から頭痛が続いていました。それで「いま、頭が痛いんだ」と何気なく言ったところ、母が「ここに、横になる?」と膝枕をしてくれたのです。

「ありがとう」と素直に膝の上に頭を乗せると、「大丈夫?」と優しく気遣ってくれました。

心地よさにウトウトしながら、しばらく母の膝で休んでいたのですが、「あれ!?」と私は思いました。

子どもの頃ですら、母に膝枕をしてもらったことはなかったのです。そう気づいて、

心がフワッとあたたかくなり、「子どものときも、こんなことしてもらったことなかったね」と母に言いました

そして、「そういえば、そうだね」と答える母に「本当に気持ちいいよ」と伝えました。すると母は「お母さんもやってもらおうかな」と言うのです。

そこで、今度は私が母に膝枕をしてあげました。

「本当ね、気持ちいいねぇ」と母は無邪気に喜んでくれました。

その姿を見て、母との深いつながりを体感し、「あきらめなくて本当によかった。これが幸せということかな」としみじみ思いました。

私は、このつながりは、天が贈ってくれたものだと感じました。

「天」という言葉は、けっして大げさではありません。

「つながりたい」という思いをあきらめなければ、必ず天がその願いを聞き届けてくれる。この母とのひとときは、そんなことを実感させてくれるものでした。

第3章

自分と
つながることから始めよう

自分の感情を見つめ、つながりを取り戻す

「ご縁をつなぐ」というと、まず思い浮かべるのが人とのご縁だと思いますが、それより大切なのが「自分とのご縁」。いまここに生きている、それ自体が、すばらしいご縁だからです。

これまで数え切れない方々から、またさまざまな経験を通して、心や生き方について多くのことを学びましたが、その中でもっとも大切だと気づいたのは、「自分とつながること」です。

人生は、いいことだけが起こるとはかぎりません。悩んだり迷ったりする時期も必ずあります。予期せぬ出来事や望まない状況も起こります。

また、「こんなふうに生きたい」と望んでも、さまざまな事情で思い通りに生きられない場合もあります。

そんなとき、私たちは自分の中にある本心や自分自身への信頼、深い愛情と切り離されてしまいがちです。

でも、自分とのつながりを取り戻せば、たとえ「どうすればいいんだろう」と迷うときでも、「もうダメかもしれない」とくじけそうなときでも、「絶対的な安心感」をもち続けられます。

また自分とつながっていれば、外側の現象で何が起きても、ぶれにくくなります。

たとえば、人から悪口を言われたり、大声で怒鳴られたりしたとしたら、誰でも怖《おそ》れや怒りが湧いてくるはずです。

でも、本来の自分とつながり、自分の本当の気持ちに気づいていれば、感情的に揺さぶられにくくなります。

相手の主張に耳を傾けて、対処法は考えながらも、「この人はとても怒っているな」「悪口を言いたい気分なんだな」と冷静に見られるので、ネガティブなエネルギーはスルーできるのです。

また、いったんは感情が揺れたとしても、いつも穏やかな幸福感に満たされているので、もとのフラットな状態にスッと戻れます。

一方、イラッとしたり、落ち込んだり、悲しい気持ちになったり、不安や怖れ、嫉妬や罪悪感を感じたりしているときは、自分とのつながりが切れてしまっているときです。

また、未来の目標を追いかけて、自分の直感や感性を無視し、逆算して戦略的に動いているときも、自分とのつながりが切れています。

でも、そういったマイナスの感情がけっして悪いわけではありません。

怒りや不安、心配、怖れ、寂しさや悲しさ、なんとなく満たされない。そんな負の感情は、じつはとても大切なものです。

なぜなら、自分自身を深く見ていくヒントを与えてくれるからです。

私たちにとってはやっかいな感情も、丁寧に向き合っていけば、自分自身とのつながりを取り戻すためのきっかけになるのです。

感情は、自分自身とつながれているかを知るバロメーターのような存在です。

マイナス感情は「あ、いま私は自分とつながれてないな」と気づかせてくれる、たんなる「お知らせ」にすぎません。

また、怒りや悲しみを感じることで、その感情を解放している場合もあれば、自分の行動の修正すべき点が見えてくる場合もあります。

ですから、ネガティブな気持ちを感じたときは、「こんな思いをもってはいけない」と自分を責めたり、「あの人のせいで」「いまいる環境が悪いから」と決めつけたりしないでくださいね。


私は、ネガティブな感情が出たら、わずかな感情の動きも見逃さないようにして、なぜその感情が出たのかを確認するようにしています。

「なぜ、こんな感情が出たのだろう」「どうして、こんな気持ちになったの？」と自分に聞いてみるのです。

感情は、起きた出来事や相手の言動に反応して生まれるので、そこには必ず理由があります。だから、自分自身を振り返って理由を突き止めるのです。

相容れない人にこそ、自分を知るヒントがある

自分とのつながりを取り戻すために、感情を掘り下げていくのは、自分自身をカウンセリングしていくプロセスにも似ています。

それを自分でやるのは少しむずかしいと感じるかもしれません。でも、いまの感情や置かれている状況を丁寧に見ていけば、必ずそこから気づけることがあります。

ケーススタディとして、ふたりの方のカウンセリング例をご紹介しましょう。

少し長くなりますが、要点をまとめてお話しします。たくさんのヒントがあると思うので、ぜひ参考にしてください。

専業主婦のＯさんは、母親がずっと苦手でした。

家族よりも自分自身のやりたいことや仕事を優先し、その生き方をOさんにも押しつけてきたからだそうです。

「お母さんのように、ちゃんと仕事をもって自立して生きなさい」と言われて育ったOさんですが、彼女自身は、どちらかというと家庭的で、母のようなキャリアウーマンになりたいという気持ちはありませんでした。

母親は、そんな娘をもどかしく思ったようです。何かにつけて比較され、否定され続け、いつしかOさんの中には「私はダメな人間だ」という気持ちが生まれました。

カウンセリングで、母親に対する屈折した思いや、自己卑下する気持ちを語るOさんに私は尋ねました。

「お母さんの言うことが、100%正しいわけじゃないですよね？　言われたことを、そのまま受け入れなくてもいいんじゃないですか？」

するとOさんは、「でも、子どもは親を選んで生まれてくるといいますよね。私が母を選んできたわけだから、母の言うことには意味があると思うんです」と言います。

たしかに、Oさんの言うことにも一理あります。

しかし、親がいつも正しいとはかぎりません。反面教師としての役割をもつ場合や、親との関係から何かを学んでいく場合も多くあります。

ですから、必ずしも言われたことを鵜呑《うの》みにする必要はありません。親のように生きようとする必要もありませんし、もっと柔軟に考えていいのです。

このようにお伝えすると、Oさんの中に変化が生まれました。

「母親のようにならなくてもいいんですね」と顔つきが明るくなり、自分と母親が違う生き方をしていいと、初めて受け入れられたのです。

そこで私は「Oさんご自身は、どんなふうに生きたいのですか？」と尋ねました。

すると、「母親が仕事優先だったので、私は自分は夫や子どもを大事にしたいと思っています。家族がとてもいとおしいんです」とのこと。

「いまの私は穏やかな家庭をもてているし、とても幸せです。私はとても恵まれていたんですね」と、晴れやかな顔でおっしゃいました。

Oさんは、自分とは真逆の生き方をする母親を通して、「家族と満たされた時間を過ごすことが自分にとってもっとも大事であり、使命かもしれない」と気づき、「自分は自分でいいのだ」と受け入れることができました。

その変化が起きたあとは、「お母さんも一生懸命生きてきたんだな」「きっと、お母さんなりに私を愛してくれたんだな」と思えたといいます。

自分と価値観や感性が似ている人は、誰でもすんなり受け入れられますが、「自分とは違うな」と思う相手は拒否したり、反発したりしてしまいますよね。

でも、そんな相手こそ、自分を知るためのきっかけになる場合も多いのです。

Oさんの場合は、相手が母親だっただけに感情的な葛藤が大きく、長い期間悩む結果となってしまいました。しかし、母親を反面教師として見たところ、「自分は家族を大切にしていきたいのだ」と気づけたのです。

闇があるから光があるように、真逆の人がいるからこそ、自分の中にある光（大切にしたいこと）が見えてくる。そんな構造があります。

身近にいる人、それも、苦手な人や嫌いな人を通して、自分の本当の気持ちに気づける場合もあるのです。

自分にないもの、相手にあるものを探してみる

もしいま、「なぜ、この人が自分の身近にいるんだろう」と思う相手がいたら、こんなふうに考えるクセをつけてみてください。

私の嫌いなこの人が教えてくれていることは、何だろう？
目の前の苦手な相手が照らし出しているのは、何だろう？

この質問の答えを見つけるのがむずかしければ、次のように考えてもよいでしょう。

相手にはなくて、自分にはあるものは何だろう？

相手にはあって、自分にはないものは何だろう？


このように考えていくと、ストレスでしかなかった相手が「鏡」となって、自分でも気づいていなかった気持ちや課題、新たな可能性に気づかせてくれます。


Oさんの場合で考えてみましょう。

「母親にはなくて、Oさんにあるもの」とは、「仲のよい家族」であり「家族を最優先にする姿勢」でした。そこに気づいた結果、Oさんは自分の大切なものが家族だとわかり、母親のようにならなくていいのだと受け入れられました。

そこでスッキリすれば問題解決です。

ただし、さらに「母親にはあって、Oさんにないもの」という別の視点でふたりの関係を見ることもできます。

カウンセリングの中でそれを探してみました。

すると、「母親が自分自身を大切にする姿勢」は、Oさんがもっていないものでした。つまり、母親は「まず自分が」と考える人で、Oさんは「まず家族が」と考えるタイプだったのです。

Oさんと話していると、いつも自分は後回しにして家族のために生きているように見えたので、私は、Oさんに「もっと自分自身を優先して生きていいのかもしれないですね」と言ってみました。

もしかすると、お母さんは、自分を大事にする生き方を教えてくれる存在でもあったのかもしれないと感じたからです。

起こる出来事にはすべて意味があります。母親のように自己主張の強い人が身近にいたのは、Oさんがそれを通して気づくことがあるということです。

それもあわせて伝えると、Oさんは思い当たる節があるようで、大きくうなずいて言いました。

「母親のようには生きられないし、生きたいとも思わないけれど、たしかに、もう少し自分のために時間を使ってもいいのかもしれません」

その後Oさんは、「いままでは何よりも子どもを優先してきたけど、もう少し自分中心に考えてもいいんだ」と思い、昼の自由な時間にスポーツクラブに毎日通い始めたのだそうです。

短時間ですが、自分のしたいことをするようになったら、毎日が楽しくなり、気持ちがとても軽やかになったと話していました。

こうやって相手とのつながりから自分自身を見ていくとき、そこに「正解」はありません。Oさんの場合も、お母さんは自分の愛情深さに気づかせてくれる相手だったのかもしれません。

自分の状況や相手の特性などをふまえて、複数の視点で見ていくと、必ず自分自身で「あ、そうか!」と納得できるポイントがあります。相手との関係を冷静に見て、自分の納得ポイントを探していってください。

たとえば、いつもルーズでダラダラ仕事をしている同僚にイラッときているのなら、「この人のだらしなさや仕事の遅さには腹が立つけど、私はいつもカリカリしながら働きづめに働いているから、少しペースダウンしてもいいというメッセージかもしれないな」といった具合に考えてみるのです。

人間関係の中で、「この人はこういう人」と決めつけてしまうと、その人に対する印象は固まってしまいます。

たとえば、会社でいつも小言ばかり言っているイヤな上司を一面的に見て「口うるさい上司」とジャッジしてしまうと、よい面はわかりません。

見方を変えて、その上司がいるからこそチームがうまく回り、業績が上がるのだと気づければ、上司を新たな目で見ることができます。たとえ、たんに口うるさいだけで、周囲のためにはなっていなかったとしても、反面教師として学ぶことはできるはずです。

その人のいいところ、悪いところの両方をいったん受け入れてみたら、それが「おもしろさ」に変わります。「こんな人もいるんだな」と思えるようになり、よい距離感でつきあえるのです。

私たち日本人にはそんな寛容さがあり、自分と違う人を受け入れる度量があると私は思っています。

目の前に起こることは、いま自分がするべきこと

続いて、自分の望まない状況が起きているケースについて見ていきましょう。

人間関係や、願いをかなえていくプロセスでは、自分の望みとは違う不本意な状況が起きる可能性があります。

とくに最近は、介護や育児の問題についてのご相談が増えました。

「介護（育児）をきちんとしなければと思っているけど、なかなかできない」「いつまで介護生活が続くかわからず、不安でいっぱい」「人に頼れず、限界が来そう」……。

私も日々、母のケアをしていたので、そうおっしゃる方たちのお気持ちはよくわかります。誰かに対して気持ちを吐き出すだけでもずいぶん楽になるので、まずはお話を聞いて、それからひとつずつ問題を解きほぐしていきます。

あるとき、長引く介護生活に悩むHさんがご相談にいらっしゃいました。

ご自身のやりたいことがあるにもかかわらず、日々の介護で手一杯で疲れ切っているとのことでした。

私はまず、ふたつの見方をお伝えしました。

ひとつは、「目の前に来たということは、自分がやるべきことなのだ」という視点です。

私たちのやるべきことはつねに目の前にあり、そこから私たちは多くを学んでいきます。昔から、「好きなことだけやればいい」「ワクワクすることを追いかけよう」ともいわれますし、それもひとつの大切な真理だと思います。

しかし現実問題として、取り組むべき人生の課題は誰にでもやってきます。

その時点では、苦しさやつらさもありますが、課題を通して、私たちは成長していきます。自分を追い込んだり苦しめたりすることなく、その課題をクリアする方法を、私たちは学ぶ必要があるのです。

そしてもうひとつの視点が、「この状況は永遠に続かない」と気づくことです。

さまざまな事情で、望んではいないことを選択せざるを得ない場合、その状況が永遠に続くと思うと「試練」になってしまいます。

でも、永遠に続くものは何ひとつありません。出口がないように思える介護も、いつか必ず終わります。

ひとりの人の人生が介護だけで終わることはありません。

将来、絶対によくなるために、いまの状況が来ているのです。

いま目の前にあるのは介護だから、それをやらなければならない。けれど、自分の人生を信じ切り、介護を通して教えてもらえる何かがある。そうとらえれば、「苦労」は、「学び」に変わっていきます。

どんな状況でも幸せに生きるための3つの工夫

その視点をふまえたうえで、日常的には３つの工夫ができます。私は次のようにHさんにお伝えしました。

まず、自分自身を満たす時間をつくること。

短くても、１日１回でもいいので、単純にホッとする時間、自分が「好きだなあ」と思うものに触れる時間、「これやりたかったんだ」とうれしくなる時間を自分につくってあげましょう。

それが、自分を満たすことにつながります。自分を満たせば、自然に優しさや喜びがあふれて、周りに広がっていくのです。

次に、いまの生活に楽しさや笑いを探すこと。

介護していても、ふと笑える瞬間や小さなうれしさが必ずあります。

でも鬱々として感性にフタをしていると、それには気づけません。だから、気を楽にして、「さあ、今日も何かおもしろいことがないかな」と思いながら、毎日を過ごしていきましょう。

最後は、人に頼るということです。

受けられる公共サービスはないか。介護を代わってくれる人はいないかをリサーチして、積極的に頼りましょう。周りの人は、介護をメインでやっている人に遠慮して、声をかけづらい場合もあると聞きます。

「ひとりでは無理」「誰かの助けがほしい」とSOSを出せば、天は必ず最適なサポーターや情報とつなげてくれるでしょう。

基本的なことなので、あなたも知っているかもしれませんが「意識は現実をつくる」という考え方があります。

これまで私も、自分自身の経験から、意識の力のすごさを実感してきました。

「イヤだ」と思うと、イヤな現実が創造されます。

「楽しい」「うれしい」と思うと、そのとおりの現実がやってきます。

それでも「なぜ私ばかり……」と思ってしまうときはあるでしょう。

私は、「どうしてもつらい場合は、『だからといって、この状況を放っておけるだろうか』と、自分に尋ねてみてください」と、Hさんにアドバイスしました。

あなたも、「自分だったら」と考えてみてください。

もし、目の前に困っている人や苦しんでいる人がいたら、見返りがなくても自然に手を差し伸べるのではないでしょうか。

好き嫌いや面倒だといった感情を超えて、たとえ報われなくても、まずは助けねばと思うのではないでしょうか。

それが人間という存在です。最終的に私たちは、人に貢献するために生きるのだと私は思います。

このように考えると、つらい気持ちからわずかでも抜け出せると、私は自分の経験から思っています。

……そう伝えると、Hさんはうなずきながら、「自分なりに工夫してやっていきます」と答えてくださいました。

介護にかぎらず、自分が取り組むべきことをやり、「やれるだけのことをやった」と思えれば、それが終わった時点で私たちは大きく成長できます。

Hさんの人生には、これから大きな飛躍が待っているでしょう。

怒りにかられても罪悪感があっても大丈夫

怒りや不安、イライラに心が占領されているとき、私たちはなかなか気持ちを切り換えられません。

状況をネガティブにとらえ、悩みの中でもんもんと考えていても、いい解決法は浮かびませんし、新しい流れもやってきません。いち早くそこから抜け出すことが大切になってきます。

感情の中でも手強い〝怒り〟について、私の例をお話ししましょう。

私自身もたまに、つい子どもや家族に対して、怒りをぶつけてしまうことがあります。でも、怒りの中にいればいるほど、自分の現状や未来に対してマイナスの影響を及ぼしてしまいます。そんなときには努めて気分を切り換え、きちんと謝ります。

とくに子どもに対しては、自分の怒りをぶつけてしまったときと、彼女のことを思って叱るときとはきちんと区別して、説明するようにしています。

たとえば、自分の感情から八つ当たりしてしまったときは、

「ママは疲れていて、感情をぶつけてしまったけど、あなたが悪いわけじゃないの」

「あのときは、あなたに怒っていたわけではなくて、ママは自分に怒っていたの」

と説明して、謝ります。

その後、「この感情は、なぜ出てきたのだろう」と、自分自身を見ていくのです。

感情がコントロールできないときや人にあたってしまったときは、自分に対して罪悪感をもつ人も少なくありません。

カウンセリングなどでお話をうかがっていると、「つい、周囲にきつくあたってしまう」「やめようと思っているのに、やめられない習慣がある」など、「私が悪いんだ」と自分自身を責めてしまう方がけっこういらっしゃいます。

本来、罪悪感をもつ必要はどこにもありませんが、それでもなぜ罪悪感を抱いてしまうのかというと、自分自身に対する評価が低いケースがほとんどです。

自分を認められれば、つねに満たされ、自分自身とつながっていられます。

すると罪悪感を一瞬感じたとしても、それを認めたうえで、手放していけるのです。

もし罪悪感に気づいたら、その感情を生んだ原因、つまり、満たされていないと思っている部分、足りないと思っている部分は何かについて、掘り下げてみましょう。

自分の心を見ていくと、罪悪感は「こうしなければならない」「これが正しい」という思い込みを手放すときだと教えているのだと、わかるでしょう。

そう考えると、罪悪感を感じるというのは、じつはすごい感性をもっているということでもあるのです。

心が麻痺していたら、罪の意識を感じることすらありません。すると、かぎりなく暴走して相手も自分も傷つけかねません。

それに、罪悪感をもつほど大切な相手がいることも、また、自分を変化させ成長しようと新しい習慣を得ようとしていることも、どちらも、本当にすばらしいことなのです。

ノートに自分の感情を書き出してみる

自分の本当の気持ちに気づき、それを見つめるためには、感情を言葉にしてノートに書きつけていくことも有効です。

何かの刺激で怒りや寂しさ、不安がこみ上げてきたときに行うのが有効です。「なぜ〜なの？」「なぜ、わかってくれないの？」「なぜ私だけ〜なの？」「なぜ、無視するの？」など、いまの気持ちを正直に書いていくのです。

途中で手を止めず、最後の一滴まで出し尽くすイメージでノートに書き出してみましょう。

自分の感情と向き合うというと、むずかしく思うかもしれません。

でも深刻にならず、新しい自分とつながるのだと思ってリラックスしてやってみてください。必ずそれまでは気づけなかった発見があるはずです。

感情を出していくと、その底に眠っている本当の自分が見えてきます。多くは、子どもの頃の自分が出てきます。

寂しい＝愛されたい

怒り＝わかってくれない＝愛されたい

思い通りにいかない＝天に見放されている＝愛されていない

お金がない＝お金を受け取る価値がない＝お金に愛されない
つまり、いずれも「もっと愛されたい」「もっと愛情を注いでほしい」というところに到達していくのです。

そして、感情とは過去につながっているので、感情を出し切って行動する（書いたり、伝えたりする）ことで、「いま」とのつながりを取り戻すことにもなります。

私には最近まで、「自分なんて」という感情が出たり、ふと寂しさや不安が出たりすることがありました。

そのたびに時間をとって、自分の思いをノートに書き出し、とことん感情と向き合いました。

そうするうちに、母との関係がいまも影響していて、「母に愛されたかった」という思いが、寂しさや自己否定を呼び起こす原因になっていたことに気づいたのです。

自分自身も母親になり、また、さまざまなセミナーや本などで、感情について学び、子ども時代の心の傷はすっかり癒したと思っていたのに、まだそんな気持ちが残っていたのは驚きでした。

それから私は、その感情を癒すために行動もしました。

自分が伝えたいと思ったタイミングを逃さず、母親に対して「子どもの頃、本当は寂しかったんだよ」「本当は、もっと愛してほしかった」と、実際に言うようにしたのです。

といっても、母からは「あの頃は、しかたなかったのよ」「お母さんも大変だったのよ」と、期待通りの答えが返ってくるわけではありませんでした。

でも私にとっては、自分の本当の気持ちを母に伝えるということが大切でした。

本当の気持ちを伝えるということは、自分を満たすことにつながってきます。そして、伝えたあとの自分の感情を、また書き出してみます。相手の反応よりも、自分の本当の気持ちを伝えることが大切なのです。

このときも、何度も伝えていくうちに、あるとき母が「ごめんなさいね」と言ってくれました。そのとき、自分でも気づいていなかった心の奥のわだかまりが、ようやく解けたのでした。

どんなに否定的な感情であっても、ノートに書き出し、客観的に見つめることで、また自分とつながり直し、さらに、他の新しい状況につながれる機会になります。

ですから最近では、「なんとなく本当の自分からずれているな」と感じたり、「ネガティブな気持ちになってしまったな」と思ったりしても、あまり動じなくなりました。

また、たとえ落ち込んだとしても、「きっと、これから自分を元に戻してくれる情報が来る」と思って、アンテナを高く張り、起こる出来事や状況を注意深く見るようになりました。

書いていくことで自分の本当の思いに気づく

ノートを使って自分の気持ちに気づけた例として、以前、セミナーに参加してくださったMさんのことをお話ししましょう。

シングルマザーとして子育てと介護を長らく続けてきたMさんは、その両方が一息ついて、自由な時間がつくれる環境になりました。ところが、身軽になったというのに、何をしていいかわからず、かえって悩んでしまったそうです。

これはMさんだけでなく、40～50代の女性によく見られる傾向です。人のために時間を使うことに慣れてしまい、自分自身の感覚が自分でわからなくなってしまうのです。

私のセミナーでは、自分の願いに気づくプロセスのひとつとして、「願いがかなったあと、人に対してどんな貢献ができるか」を書いてもらいます。すると、Mさんは「いままでたっぷり人に貢献してきたので、もう十分です」とおっしゃいました。

私はまず、いままで一生懸命生きてこられたMさんをねぎらいました。そして、「これからは、自分自身に貢献してください」とお伝えしました。

話をうかがってみると、Mさんは、習い事や趣味の時間を充実させたのですが、何をやっても、いまひとつピンとこなかったようです。

そこで、もう一度自分と向き合い、本当にやりたいことやほしい状況は何かをノートに書き出していただいたところ、「パートナーがほしい」という思いに行き着きました。

ご自身の中にあったその思いに気づいたMさんの表情がパッと明るくなったのが、とても印象的でした。

なんとMさんはその3か月後に幼なじみの男性と再会し、すぐにプロポーズされました。そして半年後に電撃入籍したのです！

もしあなたがいま、やりたいことや願いがわからない場合は、「本当は、何をしてほしかったの？」「本当はいま、何をしてほしいの？」と、自分に聞いてみてください。

たとえば子どもの頃、親に何をしてほしかったのか。パートナーに何をしてほしいのか。ノートに書き出していくのです。

自分の希望はわからなくても、誰かに「こうしてもらいたかった」「こんなふうにしてほしい」は、するする出てくるはずです。

次に、その項目の中で自分でできそうなこと選び出し、やりやすいところからやっていきます。もし可能なら、誰かに「こうしてほしいんだけど」と頼むのもいいでしょう。

リストアップされた項目は、あなたの中にある「満たされなかったかけら」です。それを集めて、自分で埋めていくのです。

自分とつながって願いを実現させるために、このプロセスは、とても大切です。自分自身が満たされていない段階で、夢や目標を設定すると、本来の自分からではない願いを発してしまう可能性があるからです。

だから、願いをかなえても、本質的な部分は満たされないという事態が起こってしまいます。

そうならないためにも、「本当は何をしてほしかったの?」と自分に何度も尋ねてみてほしいのです。

それらを、満たしていったときに、あなたが本当にやりたいことが浮かび上がってくるはずです。

地球に生まれてきたのは、あらゆることを味わうため

私たちが、なぜこの地球に生まれてきたかといえば、さまざまな感情や経験を思う存分味わい尽くすためです。

何かを体験して喜怒哀楽を感じたり、物事に感動したりするのは、人間でなければできません。

そのために、地球上にはいろいろな感覚や価値観をもった人がいて、お互いにつながりながら、彩り豊かな感情を感じています。私たちは、その感情を味わいたくて、みんな生まれてきたのです。

喜怒哀楽すべてを味わい尽くすのはもちろんですが、とくにいま、私たちはワクワクする感情、楽しいと思える感覚を忘れています。

その感覚を思い出すために、できるだけ「新しいこと」にチャレンジしてみましょう。するとき、いままでなかった刺激が得られ、未知の領域が生まれます。

何もしなければ安全ですが、その代わりに、変化や驚きも生まれません。

何でもすぐ思い通りになり、マイナスなことは何もないのであれば、わざわざ地球で生きている意味がありません。対極を味わうことで、より感動と喜びを感じられ、願いをかなえていくプロセスに出会いと成長があるからです。

せっかく地球で生きているのですから、いろいろなものとつながって、人間にしかできないことを経験していきましょう。

見たことのない世界を見て、行ったことのない場所へ行き、やったことのない経験をして、いましか得られない感覚と感情を味わいましょう。

新しいスポーツや趣味に挑戦する、旅行に行く、食べたことのないものを食べる、新しい音楽や映画、演劇などの芸術に触れるなど、日常でできることから始めていくといいでしょう。

私も旅行先では、必ず新しいことにチャレンジするようにしています。

まったく新しいことでなくても、子ども時代にやってみて苦手だったことにいまチャレンジするのもおすすめです。

たとえば、子どもの頃に嫌いだった食べ物でも、大人になると味覚が変わり、好きになれるかもしれません。また、小さいときに挫折した楽器や習い事を再開したら、あらためてその楽しさがわかるかもしれません。

私は、大人になってスキーに再チャレンジしました。

子ども時代にスキーで骨折して以来、敬遠していたのですが、20代になり、思い切って再チャレンジしたのです。意外にも、体が滑る感覚を覚えていて、とても楽しめました。スキー板やブーツなども進化して、以前よりもずっと快適にスキーができました。

「これはできない」と決めつけていても、環境や自分自身が変わり、できるようになっていることはたくさんあります。

思い切って、あえて「ちょっと無理」と思っていることや、自分に少し負荷がかかることに挑戦してみると、それまでの枠が外れて、感覚がグッと広がるでしょう。

その結果、より敏感に自分とつながる感覚が得られるようになるはずです。

第4章

本当に大切なものと
つながるために

いちばん大切なものが何かを思い知った出来事

さまざまな情報があふれている現代では、自分の感覚をきちんと感じられず、手元にある大切なものを見過ごしてしまうこともあります。

自分にとって何がもっとも大切かを見極めることの大切さを、私は自分の苦い経験から学びました。

娘が5歳の頃に仕事を再開した私は、自分が決めた目標に向かって、ひたすら突き進む毎日を送っていました。

あっという間に時間が過ぎて、気がつけば幼稚園も卒園間近。ちょうどその頃、ずっと目標にしていたイベントがキャンセルになり、私は立ち止まらざるを得なくなりました。

「あんなにがんばってきたのに……」というむなしさにひたる私の前に、いつの間にか成長し、もうすぐ小学生になる娘の姿がありました。

幼稚園に通う年頃は子どもの変化も早く、いちばんかわいい時期です。

それなのに、自分の目標に集中するあまり、世界でいちばん大切な娘の成長をしっかり見てこられなかったことに、そのとき私は気づきました。

40歳のとき、自然妊娠は難しいと言われ、何度も流産してやっとの思いで自然に授かった娘。

早産で体重1600グラムしかなかったため、NICU（新生児集中治療室）に1か月入り、退院後必死に育てて健康に育ってくれた、かけがえのない娘。

それなのに、自分と同じ寂しい思いをさせてしまった……。

追い打ちをかけるように、携帯電話が壊れ、保存していた写真が見られなくなる事態が起きました。その中には、娘の幼稚園入園後の写真がまるごと入っています。

娘と撮った2年分もの写真が、二度と見られない……。修理不能とわかったとき、私は愕然《がくぜん》としました。

そして、思ったのです。

「自分は、この2年間いったい何をしていたのだろう」――と。

そのショックは、相当なものでした。

また同じ頃、母が脳出血で倒れて入院することになりました。

そこで初めて、自分にとってなくなるといちばん困るものは何なのか、あらためて気づかされたのです。

それは、当時がんばってつなげようとしていた人脈でも、一生懸命追いかけていた仕事の成果でもありませんでした。私にとってもっとも大切なものは、最愛の娘であり、かけがえのない家族だったのです。

それからというもの、私は子どもや家族と過ごす時間を最優先にすると決めました。

以来、この方針は変わりません。自分が寂しい思いをしたぶん、子どもとの絆《きずな》を何よりも大事にして、その成長を見守っていきたいと思っています。

自分の感覚にしたがって家族を優先しているので、外出の時間やＳＮＳをやる時間は自然に減っていきました。

でも不思議なことに、「自分の思いを伝えるために、たくさんの人とつながらなければ」とがんばっていた頃よりも、ご縁が広がるようになったのです。

あえて自分からつながろうとしなくても、目の前の人といる時間を大切にするようになったら、本当に必要な人と必要なタイミングでつながれるようになった。そんな感覚です。

そして不思議な話ですが、自分の感覚を信頼できるようになると、時間も自在になってきたのです。

たとえば、待ち合わせに遅れそうなときに、普通に考えれば間に合わない場合でも、自分が「大丈夫、間に合う！」と思ったら、ギリギリセーフだったということはありませんか？　私は、いつもそのパターンです。

「自分は必ず約束の時間に間に合う」と設定しているので、時間がタイトだったとしても、間に合うと確信していると、乗り継ぎがうまくいったり信号が全部青だったり、渋滞が解消したりして、スムーズに約束の場所に着けるのです。

気のせいかもしれませんし、根拠を聞かれると困ってしまいますが、自分では、これは、自分の感覚に正直に生きているからではないかと分析しています。

自分に正直に生きて、自分自身と調和していると、外側の現実世界にも反映されて、物事がすみやかに進んでいくのではないかと思うのです。

直感とひらめきにしたがって上手に生きる

自分の感覚に正直に生きると、直感が冴えてきます。そして直感にしたがうことで、よい流れに乗ることができます。直感が冴えるときというのは、自分の感覚に忠実につながっているときなのです。

直感を磨いて上手に使っていくためには、いくつかのポイントがあります。

まず、必ず「最初に浮かんだひらめき」にしたがうようにしてください。

なぜか私たちには、1番目に来た直感は否定したり、忘れてしまったりして、2番目、3番目に浮かんだ「直感」（じつは思考）にしたがってしまう傾向があります。

たとえば、いま私は自分自身とつながるために、「いま何したい？」とよく自分に聞きますが、質問すると、まずすぐに来るのは「直感」です。

そのあと、必ず「思考」がやってきます。

「あのカフェに行きたい」と直感が瞬時に来たあとに、「でもいまは忙しいから、仕事しなきゃ」と思考が来るのです。

周りを見ていると、たいていは、思考のほうを優先しているように見えます。

でも、そこでできるかぎり直感を優先し、カフェにすぐ行けなくても、仕事を早めに終わらせて、その日のうちにカフェに行くなど、工夫をしながら直感にしたがっていると、少しずつ自分とつながる感覚がわかるようになります。

直感の声とは、言い換えれば、「いま、何をしたいのか」を知らせてくれる声、「いま、何がほしいのか」「いま、何とつながればいいか」を教えてくれる声です。

だから私は「このくらい、いいか」と思わずに、自分が何をしたいのか、何をほしいのかを、妥協せずにきちんと見て行動するようにしています。

たとえば先日、友人とカフェでお茶をしていたときのこと、注文したカフェラテを一口飲んだところ、ミルクの量が多すぎて、思っていた味とはまったく違っていました。

そこで私は、お店の人に「ここのお店のカフェラテ、いつもこの割合なんですか？もしかして、ミルクの量を間違えてはいませんか？」と尋ねてみたのです。

一緒にいた友人は、「そんな細かなことまで聞くんだ」と驚いていましたが、できることなら自分好みのカフェラテを飲みたかったし、聞いてみたいと素直に思ったのです。結局、分量は規定通りとのことだったので、納得して出されたカフェラテをいただきました。

こんなささいなことでも、自分自身のリクエストを伝える姿勢をとってみることが直感を磨き、自分とつながることにもなるのです。

同じように、着ていく服を選ぶとき、私は前もって選んでおくということをしません。なぜなら、そのときの「一瞬の感覚」を大切にしたいから。

いま何色の気分？　ちょっと寒い？　どんな肌触りがいい？　……そんなことを自分自身に問いかけてから、その日の服を選びます。ときに、一度着てから、ちょっと違うなと思うと着なおすこともあります。

自分の色を統一するために決めたり、着るブランドを決めている人もいるかもしれません。もちろんそれが自分にとって楽で心地よければいいのですが、大切なのは、自分が「これが好き！」という感覚を知っていること。それを毎瞬感じているかどうかが大切なのです。

ふだんは意識していませんが、私たちの感覚はとても繊細です。

たとえば風ひとつとっても、私たち日本人は、「空気が春めいてきたな」「今日の風は湿り気を帯びてるな」など、微妙な違いをとらえます。

考えてみれば、細い髪の毛1本でも指でつかめるのは、緻密に神経が張り巡らされ、微細な筋肉の動きができるからです。

音や色彩、味、香り、肌触りなど、私たちにはじつにこまやかな感覚が備わっているのです。それは、機械よりもよほど精密で信用できるものです。

その感覚を大切にしていけば直感とつながり、自分とつながっていけるのです。


直感を受け取りやすくするコツは、まず、いつ直感が来てもOKだと思って日常を送ること、そして「自分さえよければいい」という視点ではなく、調和しながらみんなでよくなると意識すること。

そして、前に述べたように、自分の感情によりそいながら、日常生活を丁寧に送ることです。

先日、ちょっとしたトラブルがあり、怒りがいつまでも消えませんでした。相手の方にも考えがあると思うので、その方を責める気持ちはないのですが、起こった出来事には納得がいかずモヤモヤが続きました。

それでも、気持ちを切り換えて、「さあ、気分を変えて、私は自分の信じた生き方をしていこう」と一息ついたときです。ふとKさんの顔が浮かび、久しぶりにお会いしたいなと思いました。

Kさんは、一度お目にかかっただけの方です。取り立てて用事があるわけでもないのに突然連絡するのは、さすがの私も少し気が引けました。

でも私は、「いま」の感覚や直感を大事にしたいとつねづね思っています。とくに、ネガティブな思考から抜けたときのインスピレーションは大事にしたいので、近況うかがいのラインを送ってみました。

するとすぐにお返事が来て、やりとりがどんどん広がっていきました。その結果、なんと生まれて初めてファッションショーに、モデルとして出演することが決まったのです。

意外すぎる展開に驚きましたが、これもきっと天の采配です。当日はドキドキしながらも、人生初のランウェイを楽しみました。

たまたまラッキーな展開につながった例をご紹介しましたが、もちろん、いつもこんなふうに特別な出来事が起きるわけではありません。

でも、直感にしたがって行動したという事実そのものが、次に起こるポジティブな流れをつくり始めるのです。

心がホッとあたたかくなるのが直感の情報

本来、私たちはつねに直感とつながっています。直感があなためがけてやってくるパイプがあると想像してみてください。

直感が来やすいかどうかは、そこに意識を向けるか向けないかの違いしかありません。直感とつながっているという意識をもてばもつほどパイプが強くなり、ぶれなくなります。

さらに、そこに感謝の思いがあればあるほど、パイプは太くなります。

そして、パイプが強く太ければ感覚も敏感になるので、それが直感なのか、たんなる思い込みなのかは、すぐにわかります。


でも普通は、パイプが詰まって細くなっているので、直感と思い込みを勘違いしてしまいます。

そしてもうひとつ、勘違いしてしまう理由があります。直感と思い込みの情報の質が違うのです。

たとえば、インターネットやテレビなど、目や耳から得る情報は、はっきりとした言葉や映像で繰り返し入ってきます。

それに対して、直感は「なんとなくこう思う」というあいまいな感覚だったり、「パッとひらめく」といった一瞬の情報だったりします。

ですから、確実に見えたり聞こえたりする情報のほうを信じてしまいがちなのです。

だから、つねにそのことを意識して、まず最初に来たひらめきをしっかりキャッチしなければならないと思っています。

では、自分の直感がどれか迷ったときには、どうすればいいでしょうか。

そのときは自分自身に、何がしたいのかを問いてみましょう。

たとえば、何かを決断しなければならないときに、「本当はどうしたいの？」と、自分に尋ねてみるのです。すると、「本当は、イヤだと言いたい」「もっと丁寧に進んでいきたい」など、それまで見えていなかった本音が出てくるでしょう。

そうすれば、直感とつながれるだけでなく、自分を客観的に見られるようになります。

いまは、外からの情報にまどわされたり、他の人の意見に振り回されたりしやすい時代です。また、過去の自分にとらわれているとき、自分が本当に選ぶべきことがわからなくなってしまいます。

でも本来、私たちに必要な情報（直感）は、心がホッとあたたかくなるようなもの、心地よく感じるもの、あるいは、優しい気持ちになれるようなものです。

心を重くさせるものや平安をおびやかすものは、私たちに必要な情報や本当の直感ではありません。また、何かを強要したり、「〇〇しなくてはいけない」と決めつけたりするようなものも、直感ではありませんし、必要な情報でもありません。

自分の内側と向き合って、入ってくる情報やつながるべき直感を見極めていきましょう。

よくいわれることですが、答えは自分の中にあります。

それをいつも意識していれば、何が直感か迷ったり、情報に振り回されたりせずに済むでしょうし、たとえ高圧的な態度であなたに何かを押しつけようとしたり、攻撃しようとする人がいても、平常心でスルーできるようになるでしょう。

望む未来とつながるために、自分に言葉がけをしよう

たとえ、あなたがいまの自分を肯定できなかったとしても、望む未来とつながることができます。

もし、将来やりたいことやかなえたい願いがあれば、それをイメージしながら「私はこれをするのにふさわしい」と、自分で自分に言ってあげてください。

何度か繰り返してみると、だんだんその言葉が自分に入ってくるはずです。

そして気分がよくなり、本当に「その状況にふさわしい自分」だと感じられるようになっていくでしょう。

もし可能なら、少しだけ背伸びして行くようなクラスのホテルの部屋やラウンジでやると、さらに自己肯定感が増すので効果的です。

心地よい空間で「自分はふさわしい」と言っていくうちに、いまは、それが遠い夢

だったとしても、ちょっとコンビニに行くような気軽さで実現すると思えてくるはずです。

また、自分に対する言葉かけをする際に、鏡を使うのもよいでしょう。

鏡に映った自分の顔を見て、そのときに自分自身がいちばん言ってほしい言葉を探して、言ってあげるのです。

落ち込んでいるときには「大丈夫」「こんな日もあるよ」となぐさめ、自信をつけたいときには「私は、○○するのにふさわしい」と声をかけます。「ありがとう」と、自分自身に感謝することもあります。

鏡に映った自分を見ていると、そのとき必要な言葉がわかるので不思議です。

ぜひ、あなたも鏡を使って、自分に声をかけてあげてください。

でも、もし気分的に落ち込んでいたら、無理する必要はありません。

私も、自分の気持ちがダウンしているときに、自分に対して前向きな言葉かけはしません。

ただそっと自分自身を見守ります。

だって、本当に落ち込んだとき、誰かから「あなたは大丈夫だから、がんばって」と励まされると、「早く立ち直らなければ」と、さらにつらくなりますよね。

それよりも、自分を信頼してあたたかく見守ってもらったほうが、大きなサポートになります。

たとえば、友人や子どもが悩んでいるときには、あれこれとアドバイスしたくなるものです。でもそれは、相手の力を信頼していないということになります。

本人からアドバイスを求められたら話は別ですが、相手が自分自身で育つ力を信頼し、助言はせずに見守るほうが、相手の成長を促せる場合が多いのです。

自分に対しても同じです。どんなときも、自分自身を信頼する姿勢が何よりも大事だと思います。

自分を信頼してつながっていくために、言葉は重要なツールです。

私たちがふだん、誰といちばん話しているかといえば、自分自身です。

あなたが心に思い浮かべることは、すべて自分との会話です。

いつもどんな会話をしているか、振り返ってみましょう。

もしかすると、「自分はダメだ」と責めたり、「〇〇が悪い」と人や世の中を批判したり、「うまくいかない」と落ち込んだりして、ネガティブな会話をしている時間が長いのではないでしょうか。

頭の中でつねに考えていることは、自分自身の体や自分を取り巻く環境に影響を与えます。

また脳内では、他人に対して投げかけた言葉であっても、すべて自分に対して言っているのと同じ影響があるといわれています。

もし、毎日を振り返ってマイナスの会話が多かったとしたら、少しずつでいいので、自分に優しい会話、やる気になれる言葉かけを増やしていきましょう。

すぐにはむずかしくても、気づいたときでいいので変えていけば、しだいに「私もできるかも」と思えてくるでしょう。

感謝の言葉は自分とつながるためのパスワード

自分とつながっている状態は、ちょうどパソコンのWi-Fiがつながっているようなイメージです。

新しいWi-Fiにつなぐときには、パスワードが必要ですよね。

自分とつながるそのパスワードが、「ありがとう」という言葉。つまり、感謝の気持ちです。

ネガティブな感情は、Wi-Fiが切れたという警告音にすぎません。

ですから、ムッとしたり悲しくなったり、心配事や怒りが頭から離れなくなったりしたら、「自分から離れていますよ」「気づくべきことがありますよ」という警告音がビビビッと鳴っているだけと考えてください。

警告音がしたら、私は必ず「あること」をします。

その場で、感謝できることを探すのです。

たとえば、健康で仕事や家族の世話ができること。大事な家族や仲間が元気でいること。電気や水道やガスが当たり前のように使えること。今日の食事や寝る場所に困らないこと。大好きな自然やお気に入りの場所があること……。

こんなふうに数えていくと、与えられているものの多さにあらためて気づき、自然に感謝が湧いてきます。

すると、それまで自分が「もっともっと」と欲張っていたり、「あれが足りない」と嘆いていたり、「これは間違っている」とジャッジしたりしていたと気づけます。

そして、自分がいつも守られ、恵まれていることを思い出せます。

その気づきが感謝に変わったときが、自分自身に戻れたとき。もう一度、自分とつながれたときです。

警告音が鳴ったときだけでなく、感謝で物事を見られるようになると、日頃から自分とつながれるようになります。

でも、理屈ではその大切さがわかっていても、忙しい毎日の中では、つい感謝することを忘れがちです。また、怒りや不安があるときには、感謝したくてもなかなか気持ちが追いつかないこともあります。

そこで、なかなか感謝できないときに、「ありがたいなあ」と思えるようになるふたつの質問をお教えしましょう。

まず、ひとつ目の質問です。

「当たり前と思っていること」で、感謝していないことはありませんか？

たとえば、子どもが「いってきます」と玄関を出ていって、「ただいま」と無事に帰ってくる。これだけでも、どんなにありがたいことかわかりません。

また、親や伴侶がいま無事にそばにいてくれるだけでも、本当に安心でありがたいと思うのではないでしょうか。

「当たり前であって、当たり前でないものは何か」――夜寝る前にそう自分に問いかけてみるのもよいでしょう。それをひとつずつ見ていくと、「当たり前」が奇跡だということがわかるでしょう。

その奇跡を実感できれば、心が満たされていき、自然に感謝が湧き出てきます。

いまここにある「感謝できること」に目を向ける

次に、ふたつ目の質問です。

望まない出来事が起きたとしても、その後、それが「いいこと」に変わった経験はありませんか?

人生を振り返ってみると、いったんはトラブルや悪い結果になった場合でも、最終的には「いい出来事」になったことが、必ずひとつやふたつはあるはずです。

たとえば、入社試験に失敗して、しかたなく入った職場で人生のパートナーに出会えた。病気やケガを経験したことで自分自身を見直し、生き方を変えて天職に就くことができたなど、あなたにもきっと心当たりがあると思います。

そう考えると、いかに自分が守られているかということが、実感できるのではないでしょうか。

でも、目の前のことに囚《とら》われると、マイナスのループに入ってしまい、なかなかそこに気づけませんね。

だから、このような質問をして視点を変え、天からの恵みを感じられるループに自分をもっていくのです。

日常にある感謝を忘れてしまうと、心の平安が乱され、いまの幸せに気づけなくなってしまいます。また、人間関係や仕事などで、人それぞれの形で不協和音が生まれてきます。

あるとき、「家を建てるのが夢ですが、いまの家は狭いし古いし、感謝なんてできません」とおっしゃる方がいました。

「では家を建てたときに、どんなふうに過ごしたいですか?」と尋ねると、「家族で団らんしたい。笑顔で過ごしたい」とおっしゃいます。

「いまはそんな状態ではないのですか?」とうかがうと、いまも笑顔で過ごせているし、家族で楽しく食事したり話したりする時間もあるとのこと。「それなら、夢はかなっているようなものだから、それだけでも感謝ですよね」と話すと、納得されたようにうなずいていらっしゃいました。

自分で「こうなったら幸せになれる」と決めているだけで、本当は、すでにその幸せがあったのです。

いまこの瞬間に、どれだけの感謝があったのかと思い出せると、すでにたくさんの恩寵《おんちょう》を受け取っているとわかります。

そして最終的には、生きているだけで奇跡というところに戻れます。そのとき私たちは、自分とも天ともつながり、願いをかなえる方向に進んでいけるのです。

願いをかなえるためのポイントは、「いま満たされている」、こんなに「ある」と気づけるかどうかです。

「感謝リスト」が自分とのつながりを強めてくれる

なかなか「ある」と感じられないときは、時間をつくって、感謝できることをリストアップしてみてください。

多ければ多いほどいいので、「今日感謝できること」を思いつくかぎり書いていきます。

笑顔で「おはよう」と挨拶できた。ご飯がおいしかった。電車がスムーズに来た。空がきれいだった。元気で暮らせている……。ちょっと考えただけでも、たくさんあるはずです。

そうやってリストをつくっていくと、自然にどんどん気分が上がっていきます。そのときはもう、無意識のうちに自分とつながって、精神的にも安定した状態になっていくでしょう。

私がこの習慣を始めて、まだわずか2、3年ほどです。

でも、あるとき友人から「知美ちゃんは、以前に比べて全然怒らなくなったね」と言われました。感情が一時的に揺れたり、ときに落ち込むことがあっても、すぐにいつもの自分に戻れるようになったのです。


願いや夢というと遠くにあるように感じますが、じつは「いま」と直結しています。願いをかなえるのは別の次元に行くのではなく、いまの積み重ねの上にあります。

感覚的な言い方になりますが、願いをかなえた自分は、「ある」の世界にいます。

そのためには、いまいろいろなものが「ある」と感謝して生きていると、そこに行けるようになっています。

いま「ある」の世界に生きて、いまあるものに感謝することが、願いを達成した世界へつながっていく入り口になります。


感謝は、いまとつながり、天とも自分とも、そして夢や願いがかなう世界ともつながれる、すごいキーワードなのです。

でも、たいていの人は「いまのままでは、夢がかなわない」と自分の置かれた環境を否定してしまいがちです。しかしそれは勘違いです。

いまを肯定したところが、夢へのスタート地点なのです。

第5章

自分を信じ切るということ

自分の原点となった子ども時代の思い

私は、少しおっとりして見えるせいか、初対面でこんなふうに言われることがあります。

「知美さんは、幸せなご家庭で育ったのでしょうね」
「きっと小さな頃から、ご両親に大切にされていらっしゃったんですね」

そうおっしゃっていただくのはありがたいのですが、前にも述べたとおり、けっして幸福な子ども時代を過ごしたわけではありません。

父は私が生まれる2年ほど前に会社を立ち上げ、母が経理を手伝うようになっていたので、私と弟は、幼少期の多くの時間を祖父母の家で過ごしました。

祖父母は優しかったのですが、忙しい両親にかまってもらえない寂しさがまったくなかったといえば嘘になります。また、設立当初は経営が安定せず、資金繰りに苦労する両親を見ていたことも心に暗い影を落としました。

そして決定的だったのは、前にお話ししたように、母が精神を病んだことです。

それは、子どもにとっては試練の日々でした。

母が病気になって以来、母との会話はほとんど成立しませんでした。一時期は、私のことさえわからなくなったほどです。それなりに会話ができるようになったのは、私が20歳になった頃でした。

それでも私は、母とつながることをあきらめませんでした。

いまの私は、客観的に過去を振り返ることができます。

世の中には、虐待を受けたり、家族と離ればなれで暮らさざるを得なかったりする子どもがおおぜいいます。また、世界に目を向ければ、今日の安全さえおぼつかない子どもたちも少なからずいます。

ですから、私の育った環境がまったく救われないものだったかといえば、もちろんそうではありません。

けれど、自分の身に起きた出来事のつらさは、人と比較できるものではありません。

とくに、子ども時代の家庭環境は、その人に大きな影響を与えます。

「なぜ、うちは普通の家と違うのだろう」「なぜ、お母さんは私たちともっと遊んでくれないのだろう」「なぜ、気にかけてくれないのだろう」と、口には出さないものの、子どもながらにいつも思っていました。

幸せは外ではなく自分の内側にある

思春期以降も、母の病気は私の心に重くのしかかりました。

それでも私は「必ず幸せになる」と自分の心に固く言い聞かせて、「こうなりたい」「これをやりたい」と願ったことを着々とかなえていきました。

大学卒業後、私は憧れだったグランドスタッフになり、何不自由ない生活を送っていました。

海外旅行に行き、外車に乗り、ほしいブランド物を手に入れ、週末はおしゃれして友人たちと充実した時間を過ごす。また、父もその当時は景気がよかったので、私たち家族のために理想の家を建ててくれました。そんな当時の私は、周囲からは順風満帆な人生に見えたと思います。

私自身も、「幸せになりたい」という小さな頃の夢をかなえた自分に満足していました。

ところが、いざ望み通りのものをすべて手にしてみると、しだいに「あれ!? 何か違うかも?」という違和感が生まれてきたのです。

どんなに笑顔でいても、どんなに最新の流行ファッションに身を包んでいても、理想の住まいがあっても、ふとむなしさに襲われることが増えていきました。

いま思えば、その理由がわかります。

当時、私の「幸せ」の基準は、すべて外側にありました。

「人によく思われたい」「素敵な人だと言われたい」「お金と憧れの生活が手に入れば

幸せは続く」「これが、みんなが認めるような幸せな生活だよね」……。

そんなふうに、「他人から見た幸せ」や「憧れの幸せ像」に一生懸命近づこうと努力していたのです。

でも振り返ってみれば、それは、本当の私が望む幸せではありませんでした。

いったんは願いをかなえたと思ったものの、満たされない自分自身に気づいた私は、心身のバランスを崩し、自律神経失調症と診断されました。仕事も辞めて、引きこもりがちになり、最後は、うつに近い状態にまでなってしまいました。

「これではいけない」と自分なりに、スピリチュアルな学びやカウンセリングの勉強を始めたのですが、しばらくすると実家の要請で家業を手伝うことになり、負債８億円の現実を突きつけられることになったのです。

実家が倒産の危機から脱出できたいきさつは、プロローグでお話ししたとおりです。完済できたわけではないものの、弟が新たに会社を設立し、経営が安定し始めたのを見届けた私は、今度こそ自分自身の生き方を探そうと思いました。

そして、電話交換のアルバイトをしながら、しばらく中止していたカウンセリングやスピリチュアルの勉強を再開しました。

じつは、母も父もスピリチュアルな感性が高い人で、その性質を受け継いだのか、私自身も子どもの頃からエネルギーに敏感な体質でした。

いつの間にか無意識に、その感性にフタをして現実世界で懸命に生きていたのですが、勉強していくにつれ、封印していた感性がよみがえり、しだいに磨かれていきました。


勉強を深めるにつれて、私の中に自分の経験と感性を生かし、スピリチュアルカウンセラーになりたいという思いがどんどん大きくなっていきました。

「自分と同じように苦しんできた人の助けになりたい」と思うと、心にパーッと光が射し、「本当の自分」に戻れるような気がしたのです。

「使命」であれば、神様が背中を押してくれる

なぜ、いまの活動を始めたのかというと、「誰かを応援したかったから」です。

子ども時代を思い返してみると、祖父母は優しかったとはいえ、もっとも本音を言ったり、相談事をしたりしたかったのは、母親でした。

その母とのコミュニケーションはほとんどとれず、心の底から悩みや本音を話せる相手がいない苦しさを、私は身をもって体験してきました。

大人になり、占いやカウンセリングもいろいろ受けてみましたが、本当に安心して、心を解き放てる方とは巡りあえませんでした。

だから今度は自分自身が、クライアントの苦しみに寄り添いながら、その人生を応援できるカウンセラーになろうと思ったのでした。

そう決めた私は、同僚たちに協力してもらい、勉強の成果を試すためにカウンセリ

ングの練習を始めました。

すると、直感で何気なく話したことが相手の問題をピタリと言い当てるものだったり、私のアドバイスが悩みの解消につながったりして、クライアントにとても喜んでもらい、すぐに評判が広がっていきました。

それで、仕事が終わったあと、本格的にカウンセリングを始めようと考えたのですが、何から手をつければいいかわかりません。やりたい気持ちはあるものの、「自分にできるのだろうか」と私は迷いました。


そんな私の背中を押してくれたのは、弟でした。

つらい子ども時代をともに乗り切った弟は、私にとって特別な存在です。

その弟が、「お姉ちゃん、せっかくやりたいことを見つけたんだから、本格的にカウンセリングを始めてみなよ。家族のことは俺が守っていくから、心配しないで」と言ってくれたのです。

ありがたいことに、同僚に「カウンセリングを本格的にやりたいんだけど」と言うと、チラシを作って駅前で配ってくれたり知り合いに声をかけたりして、応援してくれました。

彼女たちのおかげでお客様が次々に来てくださり、本当に感謝でいっぱいでした。

それだけではありません。

その頃、電車で偶然知り合いに再会したので、近況報告したところ、「場所が必要なら、ちょうど部屋が空いているから、格安で使っていいよ」と申し出てくれたのです。

同じ頃、デパートのイベントスペースに期間限定でブースを出展しないかというお話もいただきました。スケジュールがうまい具合に合ったので参加したところ、お客様として来てくださった方を通して、現在の夫と知り合うことができたのでした。

自分でも戸惑うくらい物事がスムーズに、そしてスピーディーに動き始めるのを見て、私は思いました。

「自分がやらなければいけないことをやり始めたら、自然に大きな流れに乗って運命が動き始めるのだ」「それが使命であれば、神様が後押しをたくさん送ってくださるのだ」と。

夢をかなえることが使命を果たすことにつながる

使命という言葉を使うと、「使命を生きるのは特別なことだ」「いまの私は使命を見つけられないからダメだ」と思う人もいるかもしれません。

使命を生きることは、とても大切なことです。

しかし、使命については誤解が多いのも事実です。

使命を生きるために、特別な能力が必要なわけでもありませんし、必ずしも仕事を通して、使命を生きなければいけないわけではありません。そして、「好きなこと」がそのまま使命につながるわけでもありません。

私は、使命とは「自分とつながること」だと思っています。

あなたが自分自身とつながれば、自然にかなえたい夢があらわになってきます。その夢をかなえていくことが、使命を果たすことにつながっていくのです。

本来の自分につながり、かなえたい現実がわかったら、それは天に向かって、いったん夢を放ったということです。

翌日から、その夢をかなえるためのご縁がやってくると思って過ごしましょう。

新たな人と知り合ったり、仕事のオファーが来たり、ふとやるべきことを思いついたりしたら、一見、夢とは関係ないように思えてもやってみるといいでしょう。

このとき、夢をかなえることだけに執着してしまうのはNGです。

自分の夢とは直接つながらないようなご縁が来たときに、それをシャットアウトしてしまうからです。でも、じつはそのご縁が夢へのステップに続いていたりするのです。

たとえば、あなたがファッションデザイナーになりたいと思ったとして、その夢を放ったとします。翌日、出会う人がファッション業界とは無関係だったとしても、その人を通して、ファッションの仕事をしている人と知り合えるかもしれません。

その願いが、本当に自分の中から出てきたものであれば、どんなルートを通っても、道はつながります。

それを信頼して毎日の行動や選択を積み重ねていきましょう。

自分を信じ切って、できることから始めよう

私は、自分だけは自分の思いを信じてあげたいと、いつも思ってきました。

でも、はじめから全面的に自分を信じ切れていたわけではありません。

たとえば、カウンセリングを始めたときも、初めて講演会を開いたときも、「無理かも」「私にできるわけがない」という思いが湧いてきました。

でもそのたびに、自分で自分を励ましてきました。

日々、誰がいちばん自分を励ませるかというと、自分自身です。

何かを成し遂げようとしたときに、不安や怖《おそ》れが出るのは当たり前です。

それを乗り越えて、ひとつずつできることを積み重ねていくと、自分の中に信頼が生まれます。そして、最初は「むずかしい」と思っていた願いが「できるかも」に変わり、その思いがまた力になって、願いがかなっていくのです。


小さい子どもは、「ひとりで立てた」「線が引けた」「積み木を積めた」といった小さな「できる」をひとつずつ積み重ねて自信をつけ、成長していきますね。

私たちも、去年はできなかったことが今年できるようになったり、仕事での挑戦がうまくいったりすると、自信がつくはずです。

「こんなささいな変化は、たいしたことじゃない」と思わずに、自分ができるようになったこと、積み重ねてきたことを認めましょう。

「私には、何も進歩がない」と思う人も、この変化が激しい世の中で普通に暮らせているだけで、立派な成果です。

当たり前のことですが、自転車の運転や水泳などいったんできるようになったら、それができなかった頃には二度と戻りません。

私たちはこれまで、たくさんの「できること」を積み重ねて生きています。

いまは「自分には無理」と思っていることでも、まずは小さな「できること」から始めれば、道は必ず願いがかなえられる瞬間につながっていくのです。

「自分を信じ切るなんてむずかしい」「私にはできないかも」とおっしゃる方がいますが、あまり心配しなくても大丈夫です。

その場その場で、ふと気がついたときに、「私は大丈夫」「自分を信頼してあげよう」と思えば、そこでまた自分とつながります。

ときに感情が揺れたり自信をなくしたりしても、日常の中で自分との会話を気負うことなく繰り返していけば、自然につながりが強くなっていくでしょう。

たとえ願いをかなえたあとも、迷いや不安がまったくなくなるわけではありません。

だから、そのたびに自分とつながることに意識を向け直していけばいいのです。

残念ながら、自分自身とつながって、内側から幸福感があふれてくる状態を体感できたとしても、永遠に、そして自動的につながり続けられるわけではありません。

でもそこが、人間の楽しいところでもあるかなと思います。

もし、それでも自信がもてないときは、過去を振り返ってみるのもよいでしょう。

「絶対無理」と思っていたのに、意外にうまくいったことやできるようになったことはありませんか？

セミナーでこの質問をすると、ほぼ全員の方が「そういえば」と体験談を話してくださいます。

絶対受からないと思っていた学校や会社に合格した。

失敗すると思っていたプレゼンやスピーチが好評だった。

自分にはできないと思っていた楽器や語学ができるようになった。

運動が苦手と思っていたけれど、ヨガやランニングは続けられた。

子どもの頃は苦手だったものが食べられるようになった……。

でも私たちは、過去を振り返って反省や後悔の材料にすることはあっても、自分を認めてほめることはなかなかできません。

ですからいま、ぜひあなたのこれまでを振り返り、自分に「すごいね」「よくやったね」と言っていただきたいのです。

ただし、これまで積み上げてきた経験や成果を見て、「よし、これからもがんばって努力しなきゃ」と力まないでくださいね。

もちろん、いままでたくさんの結果を出せたのは、あなたが努力してきたからです。でも、その努力ができたのは、あなたが、やりたいと「思った」からに他なりません。努力も大切ですが、それ以前に、まず思ったから。そして、そのことを思い続けたから、願いがかなったのです。

小さな行動が願いをかなえるエンジンになる

自分とつながって願いをかなえるために何よりも必要なのは、「思うこと」「思い続けること」です。

自分に制限をつけず、思い切り自由にやりたいことを思い描いてみましょう。

浮かんできたイメージを否定せず、「じゃあ、やってみようかな」と軽い気持ちで受け止めましょう。

そして最初は、ちょっとした小さな行動からスタートしましょう。

そうやって動き始めると、「次はこれをやってみようかな」「今度はここに行ってみよう」と、さまざまな直感がやってきます。自分とつながっているので、ひらめきが起こりやすくなるのです。

それをまた、実行に移していけば、できることがしだいに増えて、スピードが増していきます。

最初は自転車を運転しているような感覚だったとしても、それがいつしか自動車に変わります。そして最後には、ジェット機で飛ぶようなスピードで、大きな変化が起こっていくのです。


このとき、スピードに乗っていくコツは、気軽に始めるということです。はじめから、ハードルの高いことをやろうとすると、怖れや不安が出てきてしまいます。

すると、「これって無理じゃない?」といった思いが湧くので、その思いを証明するような情報や出来事がやってきてしまうのです。

でも、「これならできる」と思えるようなことであれば、それをやるための方法が直感としてやってきたり、現実でも起こったりしていきます。

そして「あ、これならできた」という経験を積み重ねれば、自分とのつながりがさらに強くなり、自転車がジェット機に変わっていくのです。

あなたがそうやって自分の思いを自分自身で聞いてあげていると、必ず現実でも、あなたの理解者が現れます。

そして、心が折れそうなときに、自分に代わって励ましてくれる人が出てきます。

自分を低く見積もらず、とにかくやってみる

私自身も、そうやって自分を深く見つめ、つながりを取り戻していくうちに、少しずつ自分を信頼できるようになっていきました。

以前の私は自信がなく、「自分はまだまだ」と思うクセがありました。「謙虚」と言えば聞こえはいいのですが、それが行きすぎて、自分を低く見積もっていたのだと思います。

しかしいまでは、物怖じせず、いろんなところで話をしたり、人前に出たりできるようになりました。

ひとつは、竹田和平さんをはじめとする、さまざまな先輩たちのおかげです。

もうひとつは、「自信がなくてもやる」と決めて、ひとつずつ経験を積んでいった

からです。

たとえば、イベントなどで、そうそうたるメンバーとご一緒させていただく際に、昔の私なら「自分は場違いだ」と尻込みしていました。でもいまは、「自分はこの場にふさわしい」と思って登壇しています。

すると物怖じせず、私がふだん思っていることを自然にお話しできるのです。

大企業の経営者や有名作家の方と打ち合わせなどでお会いするときも、遠慮せず、言いたいことを言うようにしています。

いまも自信があるわけではありませんし、話術が巧みになったわけでもありません。でも、それでもやると決めると、案外うまくいくのです。

たとえ、「もう少し、こうすればよかった」と思うことがあっても、それは次回に生かせばいいと思っています。

よくいわれることですが、周囲の人の態度や、身の回りで起こる出来事は、自分の思いを反映します。

ですから、肩書きやこれまでのキャリアばかり気にして、人と自分を比較していた以前の私は、「自分はダメだ」と思わせるような人や出来事ばかり引き寄せていたように思います。

でも、本来の自分は光に満ちた存在であり、卑屈な自分も「自分」だと受け入れて、少しずつ行動していったら、徐々に自分を認められるような出来事が起こり、その結果、自分自身をまた認められるというポジティブなスパイラルが起きたのです。

心がざわつくのは次のステップへの移行期だから

以前、あるイベントで、著者の方と登壇したときのことです。

それまでやっていたイベントよりも大規模だったこともあり、数日前から、私はとても緊張していました。ソワソワと落ち着かない私を見たスタッフは、「いままで通り、知美さんらしくいてください」とアドバイスしてくれました。

「そうだね、ありがとう」と答えたものの、イベント前夜はなかなか寝つけず、「明日は何を話そうかな」とベッドの中で考えていました。

でもふと、スタッフの言葉を思い出して、気づいたのです。

私は、「相手の著者の方にどう見られるか」「参加者の前でうまくしゃべれるか」ということだけにフォーカスしていて、自分自身につながっていなかったなと。

「そうだ、自分とつながろう。私らしくいればいいんだ」と気づいたとたん、ぐっすり眠ることができました。

翌日、私は「これだけはみなさんにお伝えしよう」と思うトピックをいくつか決めただけで臨みました。そして壇上では、おおぜいの方を前にして「自分である」ということだけを意識しました。

よく見られようと思わず、いつも通りの自然な自分でいようと心がけたのです。

相手の方と比較すれば、私はその半分もお話ししなかったと思いますが、ホストとして、著者の魅力を伝えることも大事な目的だったので、大成功で無事終了できました。

また、少ない時間ながらも、私がかねてからお伝えしたかった「つながることの大切さ」などについてお話しできました。

意外なことに、終了後には何人もの方から「お話とてもよかったです」とお声かけいただきました。

自分とつながって発信すれば、短い時間であってもメッセージは伝わるのだとあらためて感じたのでした。

誰もが新しいことにチャレンジするときや、次のステージへの階段を上るとき、心がざわつきます。でも、そんなときこそ、自分を進化させるチャンスなのです。

理由はわからないけれど、何かにつけ不安や怖れが出てしまう。なぜか気持ちが満たされない。一度持ち直しても、また気分が落ち込んでしまう……。

そんな状況が続く時期は、次のステージへの移行時期だと考えてください。

新しいステージに移動すれば、いままでのやり方や考え方ではうまくいかなくなります。だから、古い思考や感情、エネルギーを捨てなければなりませんし、自分自身も成長して、新たな意識へと変わりつつあります。

そのために、それまではＯＫだったものに対する違和感が出てくるのです。

移行期間を抜ければステージが変わって、それまでより意識が軽くなり気分もグッと楽になります。周りにいる人たちも起こる出来事も変わります。

ですから、もしいま、自分の感情がコントロールできず、つらい状況であったとしても、それは「夜明け前」の暗さですから、悲観する必要はありません。

これまでのやり方を変えて生まれ変わるとき、まったく違うことに挑戦していくときなのです。

移行期には、「自分なんて」と卑屈になったり、「どうすればいいかな」と迷ったりすることもあります。でも、それでもいいのです。迷いや不安があるからこそ、人は成長できるし、自分という存在に気づけます。

第6章

大いなるものとのつながりを取り戻す

どんな経験もいい未来へとつなげられる

人生をいいほうに変えるヒントを得たり、自分の考え方が変わる経験をしたりしたとき、すぐに変化してうまくいく人と、変われない人がいます。

両者の差はどこにあるかというと、情報や経験を素直に受け入れて、行動するかどうかの違いだと私は感じています。

納得したら即行動する純粋さのある人は、やはり変化が早いのです。

でも、たとえいままですぐ変われなかったとしてもかまいません。私自身も何年もかけて、少しずつ変化してきました。

過去に満足できる結果が出なかったとしても、これからいくらでも自分の望むものとつながっていけます。そのときに必要なのは、素直さと自分を信じ切る姿勢です。

以前、家族でゲームをしていて、なるほどと思うことがありました。

私はいつも、小学生の娘に「イヤなことや気に入らないことがあっても、絶対にいいことに変わるよ」「どんな環境にいても、自分自身が願っていれば幸せになれるからね」と伝えています。そして私自身も、そんな生き方を娘に見せたいと思っています。

ところがゲームでは、人に負けたり、自分のイメージするプレーができなかったりして思い通りにいかないことも出てきます。

あるとき、負けが続いた娘は、「もう、いや！　全然勝てないじゃない！」と泣き出してしまいました。

「そうやって悔しい気持ちを感じることって大事だよね」と、娘の思いをいったん受け止めて、私は言いました。

「でも、勝つか負けるかはゲームが全部終わるまでわからないよ。もし勝ちたいなら、〝自分は勝てる〟と最後まで思い続けてね」

私の言葉に気を取り直してゲームを再開すると、本当に娘に有利な展開が来て、勝てたのです。

娘は「負けていても、絶対勝つんだと思っていればいいんだね。ママが言う通り、ゲームは最後までわからないね」と言っていました。

大人だとここまでスムーズにはいきません。現実を変えるためには、子どものような素直さが必要だと、そのときあらためて思いました。

といっても、当然ながら、ときには負けてしまうこともあります。そんなときは、こんなふうに言葉かけします。

「今回のゲームは負けちゃったけど、どんなふうに感じた？　学んだことが必ずあるから、次にそれを生かせばきっと勝てるからね」

そうやって、どんな結果であったとしてもOKな状況にして、ゲームを終わらせるのです。

子どもは正直ですから、口先だけでいくら教えても納得しません。

私自身がこれまで、失敗や試行錯誤をしながら人生を望む方向に変えてきたからこそ、自信をもって伝えられるし、娘もそんな私の姿を見ているからうなずくのだと思います。

もちろん、これまでお話ししてきたように、私も迷ったり悩んだりすることはあります。

そんなときは、私はいつも自分が娘に言っている言葉を、自分で自分にかけてあげるのです。

「これも、絶対いいことに変わるよ」

「大丈夫、必ずよくなるから」

祖母が教えてくれた人生を明るくする口グセ

カウンセリングやセミナーで、あるいは、打ち合わせやちょっとしたおしゃべりで、私の目の前にいる方に何をお話しすればいいだろうと胸の奥を感じてみると、いつも同じ思いが湧いてきます。

それは、「何があっても、絶対大丈夫。だから、安心していい」という思いです。

人生には「いいこと」しか起こらない。たとえ、一見「悪いこと」に見えても、すべていいことに変えていける。私はそう思っています。

ですから私は、自信をもって、いつもお話ししています。

最後は必ず、みんな幸せになれる。幸せになれない人はいない。

人生には波があるので、いいときもあれば悪いときもあるけれど、悪い時期がずっと続くわけではない。必ず、よくなるときが来る、と。


でも子ども時代の私は、どちらかというと落ち込みやすい性格でした。

私に元気がないと「大丈夫よ」と声をかけ、「絶対に幸せになれる」と教えてくれたのが、父方の祖母です。

この祖母はいつも明るく、私と弟をつねに見守り、励ましてくれる存在でした。

母が病気になったあとに、「あなたたちは、子どもの頃にこんなに苦労しているのだから、絶対に幸せになるからね」と、ことあるごとに言ってもらい、どんなに救われたかわかりません。

また、「人に喜んでもらえることをしないといけないよ」「与えることと、恩を返すことを忘れないようにね」と、人づきあいの基本も繰り返し教えてもらいました。

とくに私は、「知ちゃんは優しくて、愛嬌《あいきょう》がある」「女の子に生まれてきたのだから、いつもきれいにして優雅な人生を送りなさい」「知ちゃんは必ず素敵な人と結婚して、お金にも不自由せず、幸せに暮らせるよ」と、女性として前向きになれる言葉をたくさんプレゼントしてもらいました。

一方、母方の祖母は対照的に悲観的な人で、「お母さんが病気になってしまったから、あなたの人生はこれからもうまくいかないかもね」「いろいろ、あきらめないとね」と、ため息交じりに言うような人でした。

もちろん、悪気があるわけではないし、自分の娘が心の病になったのですからショックだったのだと思います。また、孫の私たちにはいつも優しく接してくれる、大好きな祖母でした。

でも、ふたりの祖母がかけてくれる言葉の違いは、子ども心にも印象的でした。

父方の祖母の影響を受けた私は、少しずつ状況を前向きにとらえることを学んでいきました。

「どうして、うまくいかないんだろう」と沈んだ顔をしていると、祖母から「何があっても大丈夫よ」と言われて「そうかな」と気分を切り換えてみると、状況が好転して結果オーライになる。

イヤなことがあっても、「おばあちゃんが言うように、落ち込んでても何も変わらないし」と思ったら、心がスッと晴れて、同じ状況のよい面を見ることができる。

そんなことを繰り返しているうちに、いつの間にか「絶対に私は幸せになる」と思えるようになっていったのです。

家族のピンチのとき、神社で何を祈ったか

プロローグで、会社経営をしていた父が8億もの負債を負って、会社や自宅が差し押さえになる危機に瀕したことをお話ししました。

さすがの父も一時は弱気になって、もう自己破産してしまったほうがいいのではないかと、何度も言いました。「自分が死ねば……」とふいに家を出たので大慌てで探し回ったこともあります。

長年経営していた会社が倒産しかけているのですから、父もつらかったと思います。

しかし私だけは、父や他の家族のように悲観的になることはなく、「絶対、大丈夫。無事切り抜けられる」とどこかで確信していました。

それは、祖母からいつも「知ちゃん、何があっても絶対大丈夫だよ」と言われて育ったおかげでした。

根拠があったわけでも、自信があったわけでもありませんが、一生懸命やっていれ

ば、必ずなんとかなると信じていたのです。

家の差し押さえがあと1か月に迫ったある日、具体的な解決策が何も浮かばなかった私たちは、経営に携わっていた弟も含めて、家族で奈良県の大神《おおみわ》神社に参拝することにしました。

大神神社は、日本最古ともいわれる由緒正しい神社で、拝殿裏にある三輪山をご神体としています。

以前から、母の気晴らしを兼ねて、時間を見つけては親子で神社巡りをしていましたが、とくに、この大神神社には特別なご縁を感じ、参拝し続けていました。

あるとき、父にそのことを言うと、驚くことに父も十数年前からお参りを続けていたとのこと。

それからは会社のことをお願いするために、父と私は定期的に参拝するようになり、そのおかげで何度もピンチを切り抜けられたと思うことがあったのでした。

でも、ついに手形が落ちないというギリギリの事態が起きてしまった……。

「今回は、大神の神様に助けてもらえなかったのか」と一瞬思いましたが、すぐにこう思い直しました。「いや、きっと悪いようにはならないはず」――と。

そう思えたのは、祖母の励ましもありましたが、父の生き方をそばでずっと見てきたことも大きかったのです。

父は、娘の私から見ても、真面目にコツコツ努力し、バカがつくほど正直に一生懸命生きてきた人でした。「お父さんは悪いことをしてきたわけじゃない。神様が見ていてくれる」と私は思いました。


初めて家族全員で大神神社で手を合わせながらも、私は「助けてください」というお願いはしませんでした。

もうそれまでに何度も助けていただき、自分でも、やるべきことは十分やり尽くしてきました。それでも、にっちもさっちもいかなくなっているわけです。

だとしたら、もう願いや執着は手放して、神様に自分たちの運命をゆだねるしかありません。

私は、これまで何度となく通ってきた拝殿の前で、こう祈りました。

「大神の神様、私たちの力では、もうどうにもなりません。すべてをおまかせします」

これからは、私たち家族が、ただ無事に生きていければいい。そのためにはどうすればいいか、神様に道を示していただきたい。そんな気持ちでした。

その結果、前述のとおり父が昔助けた方の息子さんが救いの手を伸ばしてくださり、私たち一家は再起することができたのです。

天からの恵みはいつもふんだんに降り注いでいる

私たち家族の危機が、「神だのみ」で救われたという話をしたいわけではありません。私たち人間は、天からの恵みをつねに与えられている存在なのです。

そのことに気づいたとき、その人にはその人しか乗り越えられない危機しか来ないことがわかりますし、必ずやよい方向へと進んでいくことが確信できるはずなのです。

天から与えられる恵みを恩寵《おんちょう》といいます。

私たちにはいつも、限りない恩寵が降り注いでいます。

その恩寵を受け取れば、いつでも安心感の中で進んでいけます。

私はグレースマインドアカデミーという学びの場を主宰していますが、この名前は、私たちはいつもグレース（恩寵）の中にあるのだと気づき、その恵みを感謝して受け取り、本当の幸せを感じてほしいという思いをこめて、名づけたものです。


でも、恩寵を受け取るといっても、具体的にイメージしづらいですよね。

つねにたっぷりと、惜しみなく天から恵みが降り注いでいることを、うまく伝える方法はないかなと思っていたある日、まさに「これだ！」と思えるものとの出会いがありました。

その日、私はスタッフとしてときどきイベントを手伝ってくれているYさんと、ショッピングモールを歩いていました。

Yさんはふだん、アパレル店の店長として働いています。でもその頃、成績が伸びず、自分のせいだと悩んでいました。どうにか売上を伸ばしたいとあせればあせるほど、うまくいかず、行き詰まっていたのです。

そこで私は、「自分の内側が現実となって現れるのだから、まず自分を満たすことが大切だよ」と、アドバイスしました。

自分が満たされたとき、外側も変わります。自分で自分を満たせれば、心が安定して、売上に左右されなくなります。

そのためには、まず、本当はいつも天からの恩寵が自分に流れ込んでいて、満たされている存在だと気づく必要があるのです。

そこに気づけば、自分自身と、そして天とつながっていけます。

そう、自分とつながることは天とつながることであり、自分を満たせば、自然に天とつながれるようになっているのです。

そんな話をしながら、ショッピングモールのコンコースを歩いていると、吹き抜けになっている広場にある大きなタワー状のオブジェから、滝のような水がザーッと流れ始めました。

天井近くまでそそり立ったそのオブジェは、定期的に水が流れ出すしかけになっているようです。ちょうど私たちが通るのを見計らったように、こんこんと水が流れ始めたのです。私は思わず「これ！　天はこんな感じであふれんばかりの恩寵を降り注いでくれているんだよ」とYさんに言いました。

でも私たちは、その恩寵に気づかず、滝の下からずれたところにいる。だから、せっかく天が与えてくれている豊かさや愛を受け取れないのです。

なるほどと納得してくれたYさんと私は、その後、私の滞在していたホテルに戻り、食事をすることにしました。

そこで再び、私たちは「天の恩寵」をこの目で見る機会に恵まれたのです。

それまで気づかなかったのですが、そのホテルには、大量の水が滝のように流れ落ちている大きな筒状のオブジェがあったのです。

実際には、そのオブジェには入れませんが、もし中に人が入れば、軽く4、5人は入れるくらいの大きさです。

とうとうと流れる水に思わず見とれてしまうような美しいそのオブジェを見て、「ほら、この滝の中心にいれば、私たちはいつでも恩寵を受け取れるの。でも、みんな、そこにいないんだよね。そこに気づくように、このオブジェを天が私たちに見せてくれているんだね」と、私は言いました。

絶え間なく水が流れ落ちるその滝が、私には、天からの愛とつながっている場所のように見えました。

Yさんはそのオブジェを見て、私が言っていたことが、さらに腑《ふ》に落ちたようでした。

それからYさんは、売上は気にせず、とにかく自分を満たすことを意識して、心身をいたわり、やりたいことをやっていったそうです。すると、売上も自然に伸びていったのだとか。

しばらくして、Yさんがうれしそうに「あれから順調に店の売上が伸びて、会社から最優秀賞をもらいました！」と報告してくれました。

「不思議なんですが、売上を上げようとがんばっているときはさっぱりだったのに、いまは私が店にいるだけでお客様が次々に来て、売上が上がるんです」とのことでした。

何が変わったのかを聞いてみると、やはり徹底的に自分の感情にフォーカスして、自分自身を満たすようにしたとのことでした。

Yさんは、自分を満たすことで本来の自分とつながり、天からの恵みをたっぷり受けられるようになったのだと私は思いました。

本来の自分は「光の存在」だと気づく

私たちは本来、天とつながっている存在です。

生まれたての赤ちゃんを思い出してください。赤ちゃんは、完全に天とつながっています。本当は、私たちは全員、あの赤ちゃんのように天とつながっていました。でも大きくなるにつれて、親の教育やしつけ、さまざまな情報や人からの影響で、しだいに天とつながれなくなってしまったのです。

では、滝の中心にいて、天からの豊かさや恵みを受け取るには、どうすればいいでしょう。

まず、自分が本当はどんな存在かを知る必要があります。

もしかすると、いまのあなたは自分自身を過小評価しているかもしれません。

本当のあなたは、どんな存在でしょうか？

それは、「愛そのもの」であり「光の存在」です。

こう書くと、少し宗教的なイメージがあるかもしれませんね。また、「そういわれても、自分のことをそんなふうには思えない」と感じる場合もあるでしょう。

でも以前、深い瞑想《めいそう》状態に入ったときのことです。私は、自分が本当は、光で満たされた完璧な存在だと感じることができました。それは、いままで感じたことがないような大きな安心感に包まれたひとときでした。


では、なぜふだんの私たちは、自分が「光の存在」だと感じられないのでしょう。

それは、あまりにまぶしすぎて、自分自身の光を直視できないからです。

だから、その光を見ようとせず、親や学校から学んだこと、世間の常識が教えることを信じた「自分」を、自分だと思い込もうとしてしまうのです。

たとえば、親から「がんばりなさい」と教えられて育った人は「がんばる自分」を自分だと思ってしまいます。あるいは、「我慢しなさい」と教えられた人は、「我慢する自分」を「自分」だと思ってしまいます。

それで、きゅうくつな思いをしたり、「自分なんて」と卑下したりするのです。

また、心に受けた傷が癒えないせいで、同じような出来事でネガティブになったり、失敗したりするパターンをもつ場合もあります。

でも「本当のあなた」はもっと自由で、いつも完璧な光に満たされています。

そう気づけば、きっとどんな状況であったとしても、「いまの自分」を受け入れて、自分自身と、そして天とつながっていけるでしょう。


だからといって、「いまの自分ではダメだから、変わらなければ」とあせる必要はありません。よい悪いの判断も不要です。

まずは、自分自身の完璧な光を意識するだけでＯＫです。そうすれば、自分自身とつながっていけます。

そして、これからは自分のパターンを繰り返す前に、自分が光の存在だと気づいて、ふと立ち止まることができるはずです。


本当の自分が光の存在だと気づくことは、特別なことは何もしていないけれど、「幸せだなあ」と思える気持ちが内側からフワーッと湧いてくる感覚です。その瞬間は、この世にいながら天国にいるような至福の感覚にひたれます。

自身の内側が調和し、「何もしなくても幸せ」「どんな出来事が起きても幸せ」と思えます。あたたかいお風呂やお布団に入っているときのように、幸せで満たされた感覚で生きられるようになるのです。

そうすれば、自然に周囲の人ともつながれるようになります。人間関係がよくなり、笑顔が増えていきます。

そして、いつも自然体でいられるようになり、感情がいつまでも揺さぶられることは、ほとんどありません。

たとえば、本当に好きなことに没頭しているとき、歌や映画などに感動したとき、美しい自然の景色を見たとき、そして、いまこの瞬間に与えられているものに感謝しているときをイメージしてください。

すると、自分とつながり、そのままで満たされている感覚がつかめると思います。

何かに感動しているとき、単純にただ喜んでいるとき、意識していないのに物事がうまくいってしまったとき……。いずれも天とつながっているときです。

そして天とつながっているとき、自分の本当の望みに気づいて、まるで自動操縦のように願いをかなえていくことができます。

自分とつながるために気分のよいことをする

それでは、天につながった本来の自分自身を取り戻すために、日常生活ではどんなことができるでしょうか。

「こんなとき、どうやって自分とのつながりを取り戻せばいいんだろう」と悩んだら、「私の腑に落ちるようなメッセージをください」と、尊敬する人たちに向かって思いを投げかけてみましょう。

生きている人でも亡くなった方でも、直接の知り合いでなくても、そのとき思い浮かんだ人をイメージして、メッセージを送ってみるのです。

すると、相手の方から直接返事が返ってこなくても、必ず何らかの形で、投げかけた質問に対する回答が得られます。たとえば、次のようなことが起きるのです。

・偶然開いた本の中に、「これだ！」と思える一文がある。
・別の友人や知人から、解決のヒントを教えてもらえる。
・たまたま誘われた映画やセミナー、イベントなどからメッセージが受け取れる。

あなたの好きな神仏や聖なる存在、ご先祖様などに問いかけてもかまいません。自分が親しみを感じる存在に問いかけたあとは、どんな回答が来るかを意識しながら数日過ごしてみましょう。

自分とのつながりを取り戻すために、なるべく気持ちのいい場所にいて、リラックスする時間を過ごすことも大切です。

自分を幸せにするための情報やポジティブなエネルギーは、いつも天からたくさん来ています。自分自身がずれていたり、クリアでなかったりするから、それを受け取れないだけです。

ですから、私はふだんから、自分とつながれる気持ちのいい場所に行ったり、気分の上がることを意識してやるようにしています。

たとえば、子どもと思いっきり遊ぶこと、大好きな神社に行くこと、レトロな喫茶店やおしゃれなカフェでのんびりファッション誌をめくることなどです。また、いまは忙しくてあまりできませんが、以前はガーデニングが大好きでした。

そのようにしてくつろいで過ごしていると、ふとアイデアが湧いたり、「あの人に連絡してみよう」とひらめいたりするのです。

この他に、リラックスできるお風呂や散歩もおすすめですし、意外かもしれませんが、無心になって料理や掃除をしているときも、インスピレーションが降りてきやすくなります。自分自身とつながれているからです。

外に行かなくても、家の中でも「ここが気持ちいいな」「ここにいると落ち着く」と感じる場所があるはずです。

気分がよくなった状態、自分とも周囲とも調和している状態は、あなた自身がいちばんよく知っているはずです。感覚を研ぎ澄ませて、感じてみましょう。

また、「この音楽を聴くと気分が上がる」「これを食べるといつでも上機嫌になれる」「この人と話すと笑顔になれる」「この本を読むと力が湧いてくる」など、自分自身を幸せにするもの、自分の波長が上がる明るいエネルギーもつものなど、人それぞれ必ずいくつもあるはずです。

海や山、神社など、自然とふれあえる場所はとくにおすすめです。

また人によっては、ライブ会場で盛り上がったり、テーマパークのような高揚感のある場所に行くと落ち着くという人もいるかもしれません。自分にとって心が落ち着ける場所、リラックスできる場所が、自分とつながれるところだと覚えておきましょう。

また、自分とつながれる場所や時間、行動は、その時々によって変わるということも覚えておいてください。昔は大好きだった音楽やお店がピンとこなくなったら、そのつど、「いまの自分にとって気持ちいいことは何だろう」と聞いてあげましょう。

また、世間の評判や人の意見にしたがうのではなく、自分の感覚を信じることも大事です。さらに、「○○へ行かなければならない」といった思い込みも捨てましょう。

「誰がなんと言おうと、私はこれが好き」「たったひとりでも、私はこれがやりたい」といった感覚を、絶対的に信じ切ったときに、自分自身とのつながりはどんどん強くなっていきます。

たとえば、1杯1000円のコーヒーと、コンビニの100円のコーヒーがあったとして、自分が100円のコーヒーのほうがおいしいと思えば、堂々とそちらを選ぶ。それが自分とのつながりを強めることになります。

そうやって本来の自分とのつながりを築いていけば、どんな場にあっても、いい状態を保てるようになるでしょう。

「いま」にいれば、自分と自然につながれる

そのように考えてみると、本来の自分を取り戻すということは、じつはとても簡単なことです。

それは、「いま」にいること。「いま」という時間を味わうことです。

たとえば、「わぁ、きれいな花だな」「ああ、お茶がおいしいな」「ふう、お風呂に入って気持ちいいな」と思っているとき、私たちは、いま自分がいる場所や時間をしっかり感じています。

つまり「いま」にいて、本来の自分とつながっています。それはとりもなおさず、天からの恩寵ともつながれているということです。

「いま」を感じるその感覚は、もちろんあなたも、もっています。

でもふだんの私たちは、その感覚を忘れてしまっています。

つい、思考が過去や未来に飛んだり、他人のことに思いをはせてしまったりして、「いま」にいることができません。体は「ここ」にいても、頭の中は妄想や不安、心配事などで、別の場所にトリップしている場合が多いのです。

そこで、いま自分とつながれているのか確かめられる言葉をお教えしましょう。とても単純な言葉です。

ふと思いついたときでいいので、「いま、どこにいる?」と、自分に聞いてみてください。「大事なのは〝いまここ〟にいることだ」とよくいわれますが、「いまどこ?」と、実際に聞いてみるのです(笑)。

もし「心ここにあらず」だった場合は、この問いかけをすれば、スッといまに戻ってこられます。いまの自分とつながる感覚を思い出せます。

自分の幸せは自分の選択がつくり出す

「いま」にいることができれば、不満や不安を抱えていても、幸せは自分でつくり出すことができます。

歴史を振り返ると、過酷な境遇にさらされながら、希望を失わず、身近な幸せを見つけて生き抜いた人たちがたくさんいます。

そんな方たちの人生をひもとくと、人間はどんな環境にあっても、自分の意識で幸せになることを選べるのだなと思うのです。

自分を幸せにしてあげられるのは、自分だけです。

人生が思うように進まないとき、ともすると、その理由を他人や環境のせいだと考えてしまいがちです。厳しい言い方になるかもしれませんが、それは他の誰かが自分を幸せにしてくれると勘違いしているのかもしれません。

そこに気づくと、たとえそれまで切り離されていたとしても、自分とのつながりが再び結べます。

その状態で、「いま自分がやるべきことは何だろう」「幸せになれる選択はどれだろう」と感じてみてください。

いつも自分自身とつながった状態、内側から満たされた状態でいられるようになると、自然に周囲の環境も変わってきます。

たとえば、イヤな上司が異動になったり、苦手だった仕事をしなくてよくなったり、家族との関係がよくなったりして、「あれ？　最近調子いいな」と思えるようになるのです。

ただし、自分自身とつながって、新たな選択をしていく際に注意しなくてはいけないのは、「絶対に自分が理想とする環境がある」と思って探していくということです。

「条件がいいし、とりあえずこっちでいいか」「いまの職場をとにかく辞めたいから、採用通知をくれたこの会社でいいや」と妥協して安易に決めてしまうと、新しい環境でも同じパターンを繰り返す可能性があります。

これは、結婚相手を探すときも同じです。

願いをかなえたり、自分を変えたりするプロセスは、少しずつ進んでいきます。

まさに、一歩進んで半歩下がることの繰り返しです。

その中で、実現までのプロセスを楽しむのも、願いを実現する際のひとつの醍醐味《だいごみ》だと、私は思っています。

でも、現実生活で思い通りにならないことが起きたり、夢への道とは、ほど遠いと感じるような出来事がやってきたりすると、誰でもさまざまな迷いや悩みが出てきます。過去のパターンや思いグセがよみがえり、「そうはいっても」「だけど」「でも」と言いたくなることもあります。

しかし、その過程すらも夢がかなうプロセスであり、天からリボンをかけて贈られたプレゼントです。

だから、いま起きていることを受け入れて、自分を絶対的に信じ切っていく。

それが、自分自身とつながるためにできる最大のことだと私は思っています。

ベストな環境と出会うまでは、「待つ期間」も必要かもしれません。

でも、「絶対に最高の場所がある」「必ず幸せになる」と強く信頼していれば、あせらず待てるはずです。そうすると、最適なタイミングで自分にぴったりな出会いやチャンスがやってくるでしょう。

そして、つねに自分を満たすことを意識していれば、少しずつ周囲が変わっていくのを感じられるでしょう。

つながって与え合う世界をつくっていきたい

天から与えられる豊かさは、私たちが一方的に受け取るだけのものではありません。受け取ったもので自分を満たし、次に、自分の大事な人や周囲の人、あるいは、もっと広く世の中の人のために回していくものです。そうやって、お金や愛、優しさを周囲に与え、循環させていくと、さらに大きな豊かさとつながれます。

自分だけが得をしよう、人に勝とうと思っていると、たとえお金が来ても、自分の内側は満たされません。物質的には満足できても、心の豊かさは得られないのです。

本当の豊かさとは、使い切れないくらいのお金があることではなく、いま満たされていて、生きたいように生きられ、やりたいことができる状態です。

自分の内側をきちんと満たしていくことができれば、いまここからその状態につながれます。

自分自身が満たされれば、勝手に愛や豊かさがあふれ出します。出せば出すほどまた満たされ、どんどん豊かになっていけます。

自分を満たすために、いますぐできることがあります。

それは、ふだんやっていることに愛情をこめることです。

たとえば、自分や家族のシーツを全部洗って、さっぱりとした寝具で寝ると、1日の終わりを幸せな気分で迎えられますね。また掃除や料理を、愛をこめてやれば、その行為自体が気持ちいい瞬間になります。

そんなささやかだけど楽しい時間が、自分とのつながりだけでなく、周囲とのつながりを強め、同時に、天からの恵みを受け取れるようにしてくれるのだと、私は実感しています。


人生にはいいことばかりが起きるわけではありません。

また、私たち自身も、私たちが暮らす環境も、これからどんどん変化していきます。

その中で自分を愛し、また人を愛しながら、つながり続けようとする姿勢があれば、何が起きても大丈夫だと私は思っています。


誰かから一方的に奪うのではなく、与え合って生きる世界。

自分自身とつながった人同士がお互いにつながり、調和し合って生きていく世界。

外側の現実に左右されず、自分自身の内側がいつも満たされている世界。

そのような世界が実現できたとき、地球は平和な星になっているでしょう。

私たちは、豊かで心から幸せに満ちた、安心した毎日を送れるでしょう。

そんな世界を、生きているうちにつくりたい。

大げさかもしれませんが、それが私の願いです。

願いをかなえるための道は、「いま」自分自身とつながること、そして自分が今日できることを、心をこめてやっていくことから始まります。

人生でもっとも大切な「つながり」は目の前に、そしてあなたの中に「ある」のです。

あとがき

本書を最後まで読んでいただき、ありがとうございます。

この地球で本を通して、あなたとこうしてつながり合えていることを、本当にうれしく思います。


本書の原稿がほぼできあがりつつあった2020年3月、私を人生の使命へと導いてくれ、誰よりも本書の出版を楽しみにしてくれていた最愛の母・米本美枝子が、この世を旅立ちました。ここ最近は元気に過ごしていたので、突然のことでした。

母には日頃から感謝の気持ちを伝え、できるかぎりのことはしてきたので、後悔はなかったのですが、深い悲しみと喪失感の中で、私は死とは何か、生きるとは何かということに向かい合い続けました。

母とは一緒に海外旅行に行ったり、ドライブをしたりと、楽しかった思い出がたくさんありますが、よく思い出すのは、泣いたり、笑ったりして過ごした日常であり、手をつないで歩いたあの手の温もりと笑顔です。何気ない日々こそが、奇跡だったのです。

母とのつながりを取り戻したい一心で歩いてきた長い長い道のりが私を成長させ、無条件の愛へと導いてくれました。それこそが、母の私への深い愛であったと思います。

ただ不思議なことに、深い悲しみとともに毎日泣き暮らす中でも、ふと安心感に満たされ、お日様のあたたかい光に包まれたような感覚になることがあります。母がそばにいてくれるのだと実感し、どんなに悲しいことを考えてみても、悲しみが湧いてこないのです。

そんなときには娘が、「おばあちゃんはママのそばにいるよ」「おばあちゃんに、ママのことお願いね、と言われた」と私に母の言葉や、母がいまいる世界のことを教えてくれるのでした。

娘の口を通して、母からはこんなメッセージも受け取っています。

「これからは自分自身の人生を生きてね。こちらの世界は何でもかなって、思うことがすぐ目の前に現れてびっくりしている。あなたもそうできるのよ。いま、そこで」

そうした娘の言葉によって、肉体はなくなっても、魂は永遠に生き続けるということが、確信として感じられるようになりました。

きっと、母が別の次元から私を見守ってくれて、真実を教えてくれているのだと思います。そして、私を本来の自分に戻してくれているのだ、と。

これまで述べてきたように、母とつながることができるのは、私が本当の自分とつながっているときです。私が悲しみにくれていると、母がつながりたいと思っても、一方通行のような感じでつながれないのでしょう。

つながりはたとえ目に見えなくても永遠で、応援し合えて、愛し合えるということを、母は身をもって教えてくれているのだと思います。

私を産んで育ててくれたことを心から感謝しています。そして、これからもずっと、愛し続けます。


私たちはもともとひとつの世界から肉体や自我のある分離の世界に生まれてきました。あえて分離を体験することで、愛と喜び、つながりを体験し、深めたかったのです。

でもこれからは、大調和の世界へ移行しているので、つながりを意識して生きることはとても大切になってきます。

ありのままの自分で一歩進む勇気と、相手のいまをそのまま受け入れ、優しさと思いやりをもって、相手の中にいる自分を感じることができれば、どんな人とも愛と真心でつながり合えます。

もし大切な人の顔が浮かんだら、どうか、いまこの瞬間に「ありがとう」の言葉を伝えてください。そしてもちろん、自分自身に対しても。その想いは必ず相手の心、そして自分自身に響きわたります。

目に見えないご縁を感じとり、感謝して生きることが日常に奇跡をもたらす秘訣《ひけつ》です。

まず自分自身とつながり、そこから願いを放ち、一瞬一瞬といういまを楽しみながら丁寧に生きていくことで毎日が奇跡の連続になります。すると、放った願いが、想像を遥かに超えてかないます。

それが、これからの〝奇跡を起こす方法〟です。

毎日が奇跡の中にいるということを感じながら、この瞬間に慈しみをもって生き、人生をいとおしみ、喜びで満たしてください。

私がこれまで直感にしたがって自由に行動し、本を出版するという夢をあきらめることなくここまで来られたのは、家族の存在のおかげです。主人、娘、義父母、実父母、弟、義妹の支えがあってのことで、本当に心から感謝しています。友人、多くの方々の励ましや応援も私に勇気と希望を与えてくれました。

とくに娘にはいつも支えられています。家族と過ごす時間こそが何より大切だと気づいたとき、「ママ、もうお仕事はすべて辞めて、ずっと一緒にいるね」と言うと、「ママ、本書くんでしょ」と言ってくれました。

当時6歳だった娘のこのひとことがなければ、行動し続けることはできませんでした。由奈ちゃん、いつもありがとう。生まれてきて、ありがとう。

最後になりましたが、天の采配でご縁をいただき、原石の状態で出会った私を年月をかけ磨き上げ、素晴らしい本に仕上げてくださった編集の斎藤竜哉さん、構成を担当してくださった江藤ちふみさん、美しいデザインをしてくださった水崎真奈美さん、サンマーク出版の植木宣隆社長、関わってくださったみなさま、これまでご縁のあったすべてのみなさまに感謝申し上げます。

みなさまのご縁がつながり、すべての夢や願いがかなうことをお祈りしています。

令和2年6月　　築山知美

築山知美（つきやま・ともみ）

1969年愛知県生まれ。幼少よりスピリチュアルな才能を開花させ、2006年より名古屋にてヒーリングサロン・クオリアを開業する。独自のスピリチュアルカウンセリングは口コミだけで予約殺到で、これまでのべ1万人のカウンセリングを行う。40歳で出産し5年間子育てに専念した後、自身のセミナー、講演会の他、企業、著名人など各界の影響力のあるリーダーのご縁をつなぎ、イベント、セミナーを主催。4年で30回、のべ3500名の集客実績を記録し、アジアNo.1コネクターと称される。スピリチュアルカウンセラー、イベントプロデューサー、ハートライフアーティスト。2017年グレースマインドアカデミーを開校。本当の自分とつながり、愛と調和であらゆるご縁を結ぶ方法、ハート（真心）にしたがった生き方、あり方を伝えている。日本一の投資家・故竹田和平氏の弟子のひとりでもある。

築山知美オフィシャルサイト　https://www.tsukiyamatomomi.com/

ご縁をつなげば、奇跡が起こる

2020年8月10日　初版印刷
2020年8月30日　初版発行

著　者　築山知美
発行人　植木宣隆
発行所　株式会社サンマーク出版
〒169-0075 東京都新宿区高田馬場2-16-11
電話　03-5272-3166
印　刷　三松堂株式会社
製　本　株式会社若林製本工場

ISBN978-4-7631-3844-6　C0030
ホームページ https://www.sunmark.co.jp